王國良著

文史哲學集成

搜神後記研究

文史哲出版社印行

國家圖書館出版品預行編目資料

搜神後記研究 / 王國良著. -- 初版 -- 臺北市：
文史哲, 民 67.06
頁；　公分（文史哲學集成；15）
ISBN 978-957-547-224-5（平裝）

文史哲學集成　15

搜神後記研究

著者：王國良
出版者：文史哲出版社
http:// www.lapen.com.tw
e-mail：lapen@ms74.hinet.net
登記證字號：行政院新聞局版臺業字五三三七號
發行人：彭正雄
發行所：文史哲出版社
印刷者：文史哲出版社
臺北市羅斯福路一段七十二巷四號
郵政劃撥帳號：一六一八〇一七五
電話886-2-23511028・傳真886-2-23965656
實價新臺幣二二〇元

一九七八年（民六十七）六月初版

ISBN 978-957-547-224-5　00015

搜神後記研究　目錄

卷一

卷二

卷三

卷四

卷五

卷六

卷七

卷八

卷九

卷十

卷十一（補遺）

上編（緒論）

壹、引言

搜神後記（或稱「續搜神記」）是六朝志怪小說中頗出名的一部書，相傳它的作者便是田園詩人陶淵明。可是有關陶淵明的傳記資料，都未提起他寫過這本書。倒是梁朝一個名叫慧皎的和尚，在他編寫的高僧傳序中，曾指出陶氏撰有「搜神錄」，他本人還採用了當中的部分文字。這到底是怎麼回事？而此書在唐代，甚至到北宋初年，都還保存着，後來却失傳了。一直到明朝萬曆年間，才又再度出現。清代編四庫全書的館臣，拿書中的兩篇跟唐人著作裏的引文核對後，便斷定這部書是從古本傳刻，內容沒有問題①。近代，史學大師陳寅恪氏也贊同四庫館臣的看法，並採用其中「桃花源記」一篇，寫成了「桃花源記旁證」的論文②。他認爲「後記」所保存的是陶淵明草創未定稿（因爲文中記載了漁人姓黃名道眞、太守名叫劉歆），而陶氏文集裏的一篇則是增修寫定之本。這些說法是不是可靠？他們立論的根基穩不穩？再者，今本搜神記、搜神後記彼此重複的地方不少。干寶撰書時代在前，「後記」難免有轉錄或者鈔襲的嫌疑③。假若扣除掉這些篇章，豈不是要令人覺得「後記」已無足觀？還有「後記」一書，屢次被佛徒僧侶提及和引用④，作者的本意何在？是不是要宣揚佛教思想？以上這些，都是有待解決、澄清的問題。本編擬就作者、卷本、內容三方面，予以個別探討，希望能夠提出較爲合理的答案。

貳、作者考辨

搜神後記的編撰人，歷來都相信就是陶淵明。像唐初長孫無忌等人編的隋書經籍志、日人藤原佐世編的日本國見在書目錄⑤、南宋鄭樵編的通志藝文略，都無異詞。一直到了明末，胡震亨、沈士龍輯刻秘册彙函，收錄干寶搜神記、陶潛搜神後記，沈氏在跋文中，才提出「後記」是旁人僞託的意見。清代以後，辨僞的風氣愈盛，紀昀四庫全書總目提要、周中孚鄭堂讀書記皆力主非陶氏編撰的說法。民國三十四年，陳寅恪發表「陶淵明之思想與清談之關係」一文，謂陶氏家族世奉天師道，而淵明對於道家自然之說，別有進一步的創解，自可安身立命，無須乞靈於西土遠來之佛學；而後世佛徒，妄造物語，以爲附會。則直指搜神後記是佛教信徒撰造，而嫁名陶氏了⑥。

現在，根據前賢的意見，把「後記」不當爲陶淵明編著的理由，分直接證據（記事截止年代、使用年號習慣）與間接證據（宗教信仰）兩項，綜合討論如下：

一、記事年代：書中記漢、魏、晉、宋間事。最晚的有宋元嘉十四年「盛道兒」（卷六）、元嘉二十三年「蛟庇舍」（卷十）兩篇。淵明宋元嘉四年已謝世，那能見到這些事？

二、使用年號：沈約宋書卷九十三陶潛傳云：「所著文章，皆題年月。義熙以前，則書晉氏年號；自永初以來，唯云甲子而已。」李延壽南史卷七十五，同。陶氏作品記年號一事，歷代多所爭議，唯入劉宋以後，但題甲子，則無疑義。今「後記」中，宋永初、元嘉等年號，屢見不鮮，大大違反陶淵明的寫作原則。

三、宗教信仰：淵明與佛教之關係，諸家史傳，並無記載⑦。今存資料，以南宋僧志磐佛祖統紀所載較早。惟其事殊不可信，湯用彤「漢魏兩晉南北朝佛教史」第十一章，有所辯駁。今陶集有贈蓮社劉遺民、周續之篇什，而毫不及慧遠，也未提到廬山諸寺及僧人。淵明與遠公有無過從之事，實未可知。陳寅恪嘗取陶集「形影神贈答詩」，證明陶氏主張神滅論，大異佛家之說。陳氏更斷定淵明之爲人實外儒而內道，捨釋迦而宗天師者。這樣看來，陶氏不可能著書爲佛教張目。

以上三點，一、二兩事，證據確鑿，無可置疑。至於第三點，乃爲今本搜神後記而發；實則「後記」與佛教原沒多少關連（詳下文「內容分析」），陶淵明思想中有無佛家因子，已是無關緊要，而佛徒僞撰之說，也成捕風捉影了。

叁、卷本流傳

南北朝時代的目錄書，像宋王儉七志、梁阮孝緒七錄，已經亡佚，它們是否曾經收錄搜神後記，吾人不得而知。梁釋慧皎高僧傳序，提及陶淵明撰有搜神錄，却未言明卷數。隋書經籍志、日本國見在書目錄、通志都著錄陶潛搜神後記十卷。很奇怪的是：舊唐書經籍志、新唐書藝文志都只載干寶搜神記三十卷，而無「後記」一書。因此，清代姚振宗撰隋書經籍志考證，乃設法爲它們做一個合理的解釋。在「搜神記」條下，姚氏說：「案本傳云二十卷，本志及唐志皆三十卷。疑連後記在內，故唐志不別出後記也。」然隋書經籍志、日本國見在書目錄都明載搜神記三十卷，又有搜神後記十卷。不宜初唐館閣既藏混合有「後記」在內的三十卷本搜神記，又有單行的十卷本搜神後記；日本人傳鈔的本子，也恰巧跟唐朝皇家圖書館的情形完全一樣。合二書以成三十卷之說，終覺牽強。

現存唐代類書，引到搜神後記文字的不少。北堂書鈔引七條，都題續搜神記；藝文類聚引十七條，也都作續搜神記；初學記引六條，則作搜神後記的二條，作續搜神記的有四條。唐釋道世撰法苑珠林，以及北宋初年太宗敕編的太平御覽、太平廣記所引，俱題續搜神記，似乎「續記」的名稱較通行。

宋仁宗時，王堯臣等編崇文總目、歐陽修編新唐書藝文志，「後記」並不見著錄，豈是其時已經散失？南宋高宗紹興年間，鄭樵撰成通志，在藝文略史部傳記類中，又出現陶潛搜神後記十卷。唯鄭氏只是鈔錄前代史志、書目，並非親見。由南宋藏書家的目錄，如尤袤的遂初堂書目、晁公武的郡齋讀書志、陳振孫的直齋書錄解題都未載，可以得到證明。宋史藝文志也未載。元末明初，陶宗儀輯說郛一百卷，在卷四曾收錄續搜神記三則，未知陶氏抄自原書，或是從類書轉引？明代的藏書家，都不曾提到「續記」一書。直到明萬曆中，胡震亨、沈士龍輯刻「秘册彙函」這套叢書，十卷，計一百十六篇的搜神後記才再重新問世（四庫全書所收就是以它做底本；商務印書館叢書集成初編，也根據它影印）。崇禎間，毛晉又拿同一板片，印入津逮秘書第十一集中。清嘉慶張海鵬輯學津討源、光緒崇文書局輯子書百家，也都是從十卷本翻刻。此外，明末鍾人傑、張遂辰輯唐宋叢書，亦收有搜神後記二卷，計二十四篇，乃刪節十卷本而成；重較說郛、五朝小說、龍威秘書、古今說部叢書諸本，都是一個系統的。清乾隆末年，王謨輯刻的增訂漢魏叢書，又根據唐宋叢書本，另增加二十五篇，也不是足本。

肆、內容研究

胡應麟甲乙剩言云：「余嘗于潞河道中，與嘉禾姚叔祥評論古今四部書。姚見余家藏書目中有干寶搜神記，大駭曰：『果有是書乎？』余應之曰：『此不過從法苑、御覽、藝文、初學、書鈔諸書中錄出耳。豈從金函石匱幽巖土窟掘得耶？』大抵後出諸異書，皆此類也。」其說誠是。胡應麟、姚士粦、胡震亨、沈士龍等人，都是酷愛搜讀古書奇書的同志好友。同時，他們也從事輯佚的工作。秘册彙函中，雜事秘辛，乃楊慎僞造；搜神記、搜神後記、異苑三書，則是從古注、類書抄輯而成。搜輯不夠完整，則益以他書文字來湊足卷數。搜神記一書，友人許建新嘗撰「搜神記校注」，已論及之⑧。關於異苑，日人森野繁夫亦有專文論述⑨。本篇則就搜神後記原文出處、與搜神記互見篇章、以及內容性質三部分，做全面考察。

一、今本搜神後記索隱

關於一部書是不是著者當年手定的原來面目，大致可從有否序文存在、編排是否井然不紊、內容夠不夠完整等項予以判定。現存的十卷本搜神後記，既無序，篇卷的安排則是份量懸殊，文字多所割裂刪節，遺佚篇章也不少（詳下編「校釋」），很難讓人相信它是四庫提要所說的「古本」。今以學津討源本爲主，列出各卷篇題，並儘可能找出各篇文字的來源，以證明吾人斷定今本乃出後人捃摭拾補之非誣。

今本搜神後記出處對照表

卷次	篇名	古注類書引搜神後記（或續搜神記）	古注類書引其他書籍
卷一			
1	丁令威	類聚90、事類賦18、淵海96	搜神記（類聚78、寫本唐類書）
2	仙館玉漿		世說（書鈔158、初學記5、六帖2、御覽39、861）、小說（廣記197）
3	剡縣赤城	御覽41	
4	韶舞	御覽574、821	
5	桃花源		〔箋注陶淵明集5〕
6	劉驎之		臧氏晉書（初學記5、合璧事類5）、晉中興書（世說任誕篇注、御覽425、504）
7	穴中人世	書鈔158、御覽54	
8	目巖		荊州記（類聚6、御覽54、172、廣記398、寰宇記163）
9	石室樂聲		荊州記（類聚6、御覽54）

10	貞女峽		始興記（類聚6、97、御覽53）
11	舒姑泉		宣城記（類聚9、御覽46、70、572、936、事類賦7、寰宇記103）
卷二			
1	吳舍人	類聚20、97、御覽892、事類賦20	搜神記（御覽22、413、945、事類賦4、淵海2）
2	謝允	御覽936、事類賦29	
3	杜子恭		晉中興書（書鈔123、御覽345）、吳地記（寰宇記91）
4	鼠市		晉陽秋（類聚95、御覽752、911、廣記225）
5	比邱尼		幽明錄（御覽395）、冥祥記（珠林45）
6	三薔茨	白帖29、御覽740、997、廣記131	宣驗記（御覽922、事類賦19）
7	佛圖澄		高僧傳（珠林76）、後趙錄（御覽371）
8	胡道人咒術	御覽901	靈鬼志（御覽736）

9	曇游	御覽742、946	搜神記（廣記359）
10	幸靈		豫章記（廣記81）
11	郭璞活馬	御覽897、合璧事類別集81	搜神記（類聚93、廣記435）
12	鏡罌	書鈔136、御覽717	搜神記（廣記359）
13	郭璞預屬	書鈔129、御覽728	搜神記（御覽693）
14	杜不愆	御覽728	
卷三			
1	程咸	御覽219	王隱晉書（御覽361、984）
2	流星墮甕	御覽360	
3	拙頭船	御覽769	
4	禾滿	類聚85、御覽472、839	
5	錢孳	類聚89、御覽957	
6	蜜蜂螫賊		宣驗記（御覽950、事類賦30、淵海100）
7	隕盜		〔晉書77〕

8	馬溺消瘕	御覽743、廣記218	志怪（類聚93、御覽932、淵海99）
9	蕨莖化蛇	御覽743、廣記416	
10	斛二瘕	御覽743、867、事類賦17	搜神記（書鈔144）
11	桓梅同夢	御覽981、廣記276	
12	華歆當公	御覽361	列異傳（三國志注13、御覽361、467）
13	形魂離異	珠林116	搜神記（廣記358）
14	董壽之	廣記327	
15	魂車木馬	廣記322	搜神記（珠林116）
卷四			
1	徐玄方女	珠林92、御覽887	幽明錄（廣記276）
2	干寶父妾	御覽556	孔氏志怪（世說排調篇注）、五行記（廣記375）
3	陳良	御覽496	幽冥錄（廣記378）
4	李除	書鈔136、御覽887、廣記383	

5	鄭　茂	御覽776	
6	李仲文女	珠林92、御覽887	
7	虎符	珠林43、御覽888、892	冥祥記（廣記284）
卷五			
1	白水素女		搜神記（類聚97、御覽8、941、廣記62、寰宇記100、淵海99）
2	清溪廟神	珠林108、廣記294、事物紀原7	
3	王導子悅		世說（廣記141）、幽明錄（珠林114、白帖23、御覽400、廣記293）
4	吳望子	珠林78、初學記28、御覽936	搜神記（書鈔145）
5	木像彎弓		幽冥錄（珠林10、廣記293）
6	白頭公	御覽805	幽明錄（廣記294）
7	臨賀太守	書鈔152、類聚2、珠林59、初學記1	搜神記（御覽13、事類賦3）
8	何參軍女	珠林49、御覽981	

9	靈見	御覽382	冤魂志（珠林87）
卷六			
1	陳阿登	珠林59、御覽884	幽明錄（書鈔106、御覽573）、靈怪集（廣記316）
2	張姑子	珠林59	志怪（御覽716）、神怪錄（書鈔136）
3	箏笛浦官船	書鈔137、類聚44、珠林49、御覽75、769	搜神記（御覽981）、靈鬼志（御覽399）、廣五行記（廣記322）
4	崔少府	類聚4、珠林92、御覽30、事類賦4	搜神記（琱玉集12、歲華紀麗1、御覽884、廣記316）、孔氏志怪（世說方正篇注、草堂詩箋10、27）
5	魯子敬墓	御覽559、884、寰宇記89	搜神記（廣記389）、幽明錄（御覽375）
6	承儉	御覽399、559	
7	上虞人	御覽399	夢雋（廣記276）
8	韓冢人	廣記320	

9	四人捉馬	廣記320	
10	異物如鳥	廣記319	
11	腹中鬼	御覽741、廣記218	
12	盛道兒		搜神記（廣記325）
13	歷陽神祠	珠林59、御覽884	
14	鬼設網		幽明錄（御覽832）
15	懊惱歌	御覽573	
16	朱弼	御覽248	
17	誤中鬼腳	御覽755	
18	范堅之妻	御覽767	
19	竺法師	珠林29、廣記322	
20	白布衫鬼	書鈔144、初學記26、御覽859、廣記319	
卷七			
1	虹化丈夫	初學記2	搜神記（御覽14）、神異錄（廣記396）

2	山㺐		搜神記（廣記360）、述異記（珠林42、廣記323）、廣五行記（御覽942）
3	平陽隕肉		十六國春秋（御覽877、880）
4	周子文失魂	珠林80、御覽832	
5	毛人	類聚82、御覽48、867、966、寰宇記112	搜神記（類聚86）
6	朱衣人		孔氏志怪（類聚89、御覽957）
7	兩頭人	廣記141	
8	壁中一物	珠林59	
9	狗變形	廣記319	搜神記（廣記438）、幽明錄（廣記141）
卷八			
1	二人著烏衣		〔晉書95〕
2	火變蝴蝶		搜神記（廣記473）、異苑（御覽885）、五行記（御覽945）
3	諸葛長民		幽明錄（御覽885）、五行記（廣記360）

4	死人頭	御覽885	幽明錄（廣記360）
5	人頭墮		〔晉書75〕
6	髑髏百頭	類聚17、御覽374	
7	葱縮	御覽977	
8	吳氏梓	御覽767	搜神記（廣記415）
卷九			
1	素衣女子	廣記462	
2	虎卜吉	御覽892	
3	熊穴	類聚95、御覽908、廣記442	
4	鹿女脯	初學記29	搜神記（白帖29、御覽906）
5	猴私官妓	廣記446	
6	烏龍	類聚94、御覽500、905、廣記437	陶潛搜神記（初學記29）、搜神記（合璧事類別集84）
7	楊生狗	類聚94、御覽905、廣記437	

8	蔡詠家狗	類聚94、御覽905	
9	張平家狗	御覽885	
10	老黃狗	廣記438	
11	林盧山亭犬	類聚94、初學記25、御覽717、905	
12	羊炙	類聚94、御覽902	搜神記（廣記439）
13	古冢老狐	御覽909	
14	狐帶香囊	御覽909	幽明錄（御覽704）、渚宮故事（廣記447）
15	放伯裘		搜神異記（珠林63）、搜神記（御覽909、廣記447）
卷十			
1	蛟子	御覽930、廣記425	
2	蛟庇舍	御覽930	
3	虬塘	〔大明一統志59〕	
4	斫雷公	開元占經102、御覽13、764	

5	烏衣人	珠林80、御覽832、廣記131	
6	蛇銜卵	御覽885、廣記457	搜神記（御覽934）
7	女嫁蛇	廣記456	
8	放龜	類聚96、御覽479、931、淵海99	搜神記（白帖29、事類賦28、蒙求卷中） 幽明錄（廣記118）
卷十一	（補遺）		
1	人化鼈	珠林43、御覽888、廣記471	搜神記（類聚96）
2	王蒙無骨	御覽375、378	
3	倒懸龜	御覽931	
4	謝奉說夢	御覽400	
5	宗淵放龜	御覽399	搜神記（廣記276）
6	謝允作符	玉燭寶典10	
7	猿母斷腸	廣記131、分類補注李太白詩11	
8	黃赭問路	初學記30、御覽931	

9	高荀念經	〔辯正論7〕	宣驗記（廣記111）
10	施續門生	御覽396、884	搜神記（廣記323）
11	吳猛擲符	御覽736	搜神記（書鈔103）
12	羽扇畫水	御覽702	搜神記（白帖4）
13	徐泰懇鬼	御覽399	搜神記（廣記161、276）
14	胡博士	御覽32、歲時廣記36	搜神記（御覽909）
15	朱恭墜厠		搜神錄〔辯正論7〕
16	馬勢婦		搜神記（廣記358）
17	虞定國		搜神記（廣記360）
18	熊居樹孔	御覽908	異苑（類聚95、廣記442）

〔說明：卷一至卷十篇名，依學津討源本目錄所題，卷十一（補遺）則由本人自擬〕。

從前面對照表看來，我們不難發現，卷一、卷二、卷五、卷八摻入他書篇章較多。原來是這四卷的份量太單薄，輯刻者爲了避免彼此過份懸殊，就照著自己的意思，採錄一些內容相近的文字，湊足卷頁篇幅。這樣一來，各卷的字數多寡是要顯得均勻些，但內容却成了眞僞雜揉，大大降低整部書的可靠性，實在得不償失。

二、搜神記、搜神後記篇章互見考

現今通行的搜神記、搜神後記兩部書，都是明末士人重新輯錄刋刻而成。由於採輯者的態度不夠嚴謹、方法未盡周密，因此，失眞的地方，固然不少，內容重複之處，也比比皆是。另外，古書屢經傳鈔刋刻，難免有文字脫落、訛亂的現象，使得後人在從事輯佚的過程上，產生莫大的困擾。這些情形，有時可從各種書的比對上獲得解決，至於無法做決定的，當然只好存疑。

本節的考證工作，大抵依據幾個原則。第一、首重內證。干寶搜神記成書，大約在東晉穆帝初（西元三四五年頃）⑩；過此，當歸入後記。第二、根據類書傳刻的情形，大概分成兩等。類聚、珠林、初學記、六帖、御覽、事類賦爲上；廣記及書鈔刋刻較晚，且略有殘闕，爲次。第三、能確定爲何書所有的，固然最好，不可究詰的，則兩存之，盡量避免主觀臆測。

1.丁令威（卷一）

類聚九〇、事類賦十八引，並出續搜神記；類聚七八、鳴沙石室古籍叢殘唐寫本類書，又作出搜神記。然則，唐代已混淆不辨，今亦無從斷定誰是誰非。至於宋人文集箋注，如集注分類東坡詩、箋注王荊公詩、后山詩注、簡齋詩注；或宋人編撰類書，如古今合璧事類備要、記纂淵海、群書通要，則又從類聚、事類賦轉引，更不足爲憑了。此篇當存疑。

2.吳舍人（卷二）

此篇由兩則綴合而成，應分別討論。「虎送兒歸」一則，御覽八九二、事類賦二十，並云出續搜神記。「性至孝」一則，類聚二十、九七並引續搜神記；事類賦四、御覽二二、四一三、九四五並引搜神記。因此，本篇前半段可以肯定是續搜神記的文字，後半段則宜兩存之。

3.曇遊（卷二）

御覽七四二、九四六並引續搜神記；廣記三五九引，則云出搜神記。按：高僧傳卷十四釋法慧傳末附記曇遊事，其人約晉末至齊初在世，以入續搜神記爲是。

4.郭璞活馬（卷二）

御覽八九七引續搜神記；類聚九三、廣記四三五並引搜神記。又見今本搜神記卷三。按：當存疑。

5. 鏡䁖（卷二）

書鈔一三六、御覽七一七並引續搜神記；御覽六九三引搜神記。當存疑。

6. 郭璞預屬（卷二）

書鈔一二九、御覽七二八並引續搜神記；御覽六九三引搜神記。當存疑。

7. 斛二瘕（卷三）

御覽七四三、八六七、事類賦十七並引續搜神記；書鈔一四四引搜神記。按：唐封演聞見記卷六引續搜神記。又晉安帝元興二年，桓溫纂位，始追尊其父玄為宣武皇帝，宣武之稱號，非干寶所及知，故本篇宜歸入續搜神記。書鈔引，脫一「續」字。

8. 形魂離異（卷三）

珠林一一六引續搜神記；廣記三五八引搜神記，嚴一萍太平廣記校勘記作「出續搜神記」。按：本篇記劉宋時事，應為「續記」文字。

9. 魂車木馬（卷三）

珠林一一六引搜神記；廣記三二二引續搜神記。按：本篇記劉宋之事，作「續記」是。

10.白水素女（卷五）

類聚九七、御覽八、九四一、廣記六二、寰宇記一百並引搜神記。按：諸書引錄，無作「續記」者。今本後記改「晉安」爲「晉安帝」，非是（說詳「校釋」卷五）。

11.吳望子（卷五）

初學記二八引搜神後記，珠林七八、御覽九三六並引續搜神記；書鈔一四五引搜神記。按：此篇亦見今本搜神記卷四。疑書鈔傳抄脫一「續」字。

12.臨賀太守（卷五）

書鈔一五二、類聚二、初學記一、珠林五九並引續搜神記；御覽十三、事類賦三引搜神記。按：御覽、事類賦引文甚爲簡略，當是「續記」文字。

13.箏笛浦官船（卷六）

書鈔一三七、類聚四四、珠林四九、御覽七五、七六九、寰宇記一二六並引續搜神記；御覽九八一引搜神記，甚簡略。按：當是「續記」文字，今本搜神記卷十六載入，非是。

14.崔少府（卷六）

類聚四、珠林九二、御覽三十、事類賦四並引續搜神記；歲華紀麗一、御覽八八四、廣記三一、歲時廣記十九並引搜神記。按：當兩存之。今亦見搜神記卷十六。

15.魯子敬墓（卷六）

御覽五五九、八八四、寰宇記八九並引續搜神記；廣記三八九引搜神記，廣記校勘記作「出續搜神記」。按：魯肅卒於建安二十二年，本篇云肅安塚京口二百許年，則已至晉安帝之世，當屬「續記」爲是。

16.盛道兒（卷六）

廣記三二五引搜神記。按：本篇記宋元嘉事，當入「續記」，廣記脫「續」字。

17.虹化丈夫（卷七）

初學記二引續搜神記，御覽十四引搜神記，廣記三九六引神異錄。未知孰是。

18.山㺐（卷七）

珠林四二、廣記三二三並引述異記；廣記三二六引搜神記。按：本篇記宋元嘉事，當非搜神記文字，未知是否爲「續記」所有。

19.毛人（卷七）

類聚八二、御覽四八、八六七、九六六、寰宇記一一二並引續搜神記；類聚八六引搜神記，較簡略。按：唐陸羽茶經引，亦云出續搜神記，作「續記」是。

20.狗變形（卷七）

廣記三一九引續搜神記，又四三八引搜神記。按：本篇記劉宋時事，當出「續記」。

21.火變蝴蝶（卷八）

廣記四七三引搜神記；御覽八八五引異苑。按：此篇亦見今本異苑卷六。所記爲晉安帝義熙中事，當非搜神記文字，未知是否爲「續記」所有。

22.吳氏梓（卷八）

御覽七六七引續搜神記，廣記四一五引搜神記。未知孰是。

23.鹿女脯（卷九）

初學記二九引搜神後記；白帖二九、御覽九〇六並引搜神記。廣記四四三引（唐竇氏）五行記，則謂陶潛搜神記云云。按：此篇當是「後記」文字。

24.烏龍（卷九）

類聚九四、御覽五〇〇、九〇五、廣記四三七並引續搜神記；初學記二九引陶潛搜神記；合璧事類別集八四引搜神記。按：初學記脫一「續」（或「後」）字，合璧事類別集轉引，又省「陶潛」二字。此篇當屬「續記」。

25.羊炙（卷九）

類聚九四、御覽九〇二並引續搜神記；廣記四三九引搜神記。疑廣記脫一「續」字。

26.放伯裘（卷九）

珠林六三引搜神異記；御覽九〇九、廣記四四七並引搜神記。按：珠林作「宋酒泉太守」云云，劉宋時，酒泉郡應屬北魏版圖。若確是其時，則不當入搜神記，而應歸「續記」。

27.斫雷公（卷十）

御覽十七、七六四並引續搜神記；廣記四五六引搜神記。唐瞿曇悉達開元占經一〇二引，亦云出搜神記。廣記脫一「續」字。

28.蛇銜卵（卷十）

御覽八八五、廣記四五七並引續搜神記；御覽九三四引搜神記。按：本篇記宋元嘉事，當屬「續記」。

29.放龜（卷十）

類聚九六、御覽四七九、九三一並引續搜神記；白帖二九、事類賦二八並引搜神記。按：當存疑。

30.化鼈（卷十一）

珠林四二、御覽八八八、廣記四七一並引續搜神記；類聚九六引搜神記。按：今本搜神記卷十四亦載，當兩存之。

31.謝奉（卷十一）

御覽四百引續搜神記；今本搜神記十亦載之。按：此篇僅見御覽引錄，不應收入搜神記。

32.宗淵（卷十一）

御覽三九九引續搜神記；廣記二七六引搜神記。按：本篇記晉太元中事，當出「續記」。

33.猿母斷腸（卷十一）

廣記一三一、分類補注李太白詩十一並引續搜神記。今本搜神記二十載入，不知何據？

34.施續（卷十一）

御覽三九六、八八四並引續搜神記；廣記三二一引搜神記。按：當兩存之。今本搜神記卷十亦載之。

35.吳猛擲符（卷十一）

御覽七三六引續搜神記；書鈔一〇三引搜神記。按：亦見今本搜神記卷一，當兩存之。

36.羽扇畫水（卷十一）

御覽七〇二引續搜神記；白帖四引搜神記。按：今本搜神記卷一亦載，當兩存之。

37.徐泰（卷十一）

御覽三九九引續搜神記；廣記一六一、二七六並引搜神記。按：亦見今本搜神記卷十八，當兩存之。

38.胡博士（卷十一）

御覽三二、歲時廣記並引續搜神記；御覽九〇九引搜神記。按：亦見今本搜神記卷十八，當兩存之。

39.朱恭（卷十一）

辯正論七引搜神錄。按：所記爲劉宋時事，又搜神後記原稱搜神錄，當非指干寶搜神記。

40.馬勢婦（卷十一）

廣記三五八引搜神記，亦載今本搜神記十五。唯廣記校勘記云：「出續搜神記」，故兩存之。

41.虞定國（卷十一）

廣記三六〇引搜神記，亦見今本搜神記十七。唯廣記校勘記云：「出續搜神記」，故兩存之。

三、校定本搜神記內容分析

明人輯刻搜神後記，曾大致依類編排，如卷一記地理，卷二記神術，卷三記夢兆、痕病、魂魄，卷四記死人復生……等。現在既已確定不少篇章，並非搜神後記所原有，則應該予以剔除。以下僅就可靠部份，按古來迷信、道教、佛教、佛道雜揉、其他五項，略作分析。

一、古來迷信（篇/卷）

1.占卜：12/2、13/2、14/2、2/9。

2.夢兆：1/3、11/3、6/5、4/11。

3.災異：4/8、7/8、8/8、9/9。

4.瑞應：2/3。

二、道教影響

1.神術：1/2、3/2、12/11。

2.符籙：2/2、6/11、11/11。

3.尸解：3/1。

4.仙道變化：1/1。

三、佛教影響

1.因果：19/6、8/10。

2.報應：6/2、12/9、5/10、6/10、7/11、8/11、15/11。

3.靈驗：9/11。

四、古迷信、佛、道雜揉

1.定命：3/3、12/3、7/5。

2.託夢：14/3、15/3、6/6、7/6、3/11、5/11。

3.離魂：13/3、16/11。

4.復活：11/2、1/4、2/4、3/4、4/4、5/4。

5.神鬼：6/4、2/5、4/5、8/5、9/5、1/6、2/6、3/6、5/6、8/6、9/6、10/6、11/6、12/6、13/6、15/6、16/6、17/6、18/6、20/6、8/7、6/8、3/10、4/10、10/11、13/11。

6.妖怪：1/7、4/7、5/7、7/7、9/7、1/9、4/9、5/9、8/9、10/9、11/9、13/9、14/9、15/9、1/10、2/10、7/10、14/11、17/11。

7.冥婚：4/6。

8.符咒：8/2、9/2、7/4。

五、其他

4/1、7/1、4/3、5/3、8/3、9/3、10/3、3/9、6/9、7/9、1/11、2/11。

從以上的分析（原書九十二篇、補遺十七篇），我們得知：屬於古來迷信的有十三篇，道教影響的有八篇，佛教影響的有十篇，古迷信與佛道雜揉的有六十六篇，與神怪無關的有十二篇。可以說古迷信、道教、佛教的思想，在書中佔有同等的地位。因此，我們相信這部書是六朝文士的手筆，既非道教徒，也非佛教徒專爲宣傳教義而編寫的作品。

伍、結語

搜神後記是宋、齊時代一位不知名文士的作品。撰者受到儒、釋、道三家思想薰陶，並無特定的宗教意識。現存的十卷本搜神後記並非古本，它的材料大部份是從古注、類書輯出；在一百十六篇中，有二十四篇是從其他的書上抄錄，原非搜神後記文字，應予剔除，免得引起不必要的爭執。

附註

①見四庫全書總目卷一四二。所引用的是陸羽茶經與封演聞見記。

②陳寅恪先生論文集（下），頁一一六九，原載清華學報第十一卷第一期。

③六朝小說彼此轉錄，乃常見現象。編撰者爲達成宣揚某種思想的作用，遇有適合的篇章，卽行抄入，根本沒有今人版權所有的觀念。不過本書旣種爲「後記」、「續記」、原則上應不與「前記」重複才對。

④梁釋慧皎高僧傳序、王曼穎與皎法師書、唐釋法琳破邪論卷下、釋道宣集神州三寶感通錄卷下均嘗道及。

⑤日本國見在書目錄，約撰成於宇多天皇寬平三年至九年之間（八九一—八九七），相當於唐昭宗大順二年至乾寧四年時。

⑥陳寅恪先生論文集（下），頁一〇一二。

⑦在王謨輯的增訂漢漢魏叢書中，有蓮社高賢傳一卷，曾涉及之。題晉無名氏著，不確。說詳湯用彤漢魏兩晉南北朝佛教史頁三六一。

⑧許建新：搜神記校注，師大國文研究所集刊第十九期。

⑨森野繁夫：異苑之通行本，廣島大學中國中世文學研究第一號。

⑩世說排調篇及晉書干寶傳都提到，干寶寫成搜神記，拿給劉惔看，劉說：「卿可謂鬼之董狐」。劉惔卒於穆帝永和初，搜神記成書當在稍前。按：四庫全書總目搜神記提要謂惔卒於明帝大寧中，不確。程炎震世說新語箋證云：「劉（惔）爲尹，晉書不著何年。德性篇云：『劉尹在郡，臨終綿惙。』本傳亦云卒官。傳又記

孫綽詣褚裒言及惔流涕事。按裒以永和五年卒，劉惔必先於裒。而簡文輔政在永和二年，知惔之爲尹，亦在二年以後，五年以前矣。」（楊勇世說新語校箋卷上引）則惔當卒於穆帝永和二年至五年間。

下編（校釋）

凡例

一、本編係以學津討源所收搜神後記爲底本，用古注、類書參校。學津本或過分簡略，而它書文字較完整者，則改從之。

一、諸書足以訂正底本之誤者，則加採摭；若底本不誤，而他書反誤者，概未錄入；倘文字有異，而義皆可通，則酌予徵引。

一、闕文誤字，經改定增補之處，加〔〕號以資識別。

一、每篇皆考其眞僞。存疑者加△記號，確爲他書所有者加▲記號，並移置卷尾。

一、佚文亦加讎校，集成一卷，名爲補遺，附諸編末。

卷一

△1.丁令威本遼東人，學道于靈虛山①。後化鶴歸遼，集城門華表柱。時有少年舉弓欲射之，鶴乃飛，徘徊空中而言②曰：「有鳥有鳥丁令威，去家千年③今始歸④；城郭如故人民非，何不學仙冢壘壘⑤？」遂高上沖天。今遼東諸丁，云其先世有升仙者，但不知名字耳⑥。

(1)「靈虛山」，明續道藏逍遙墟經卷一同。按：「虛」，通作「墟」。嘉慶重修大清一統志卷一二〇太平府云：「靈墟山，在當塗縣東三十里。有仙洞、丹井，舊傳丁令威學道登仙於此。」李白有靈墟山詩一首，即詠令威事。

(2)「言」，事類賦十八引作「歌」。

(3)「千年」，藝文類聚七八、九〇作「千歲」。（以下簡稱「類聚」）

(4)「始歸」，類聚、事類賦並作「來歸」。

(5)「何不學仙」句，類聚九〇作「何不學仙去，空伴冢纍纍？」雲笈七籤一一〇、歷世眞仙體道通鑑十一並作「何不學仙離冢纍？」（以下簡稱「七籤」、「仙鑑」）

(6)「遼東諸丁」句，七籤、仙鑑並作「遼東諸丁譜載：令威漢初學道得仙矣」。

△2.嵩高山①北有大穴，莫測其深②，百姓歲時遊觀③。晉初，嘗有一人誤墮穴中，同輩冀其儻不死，投食于穴中。墜者得之，爲尋穴而行。計可十餘日，忽然④見明，又有草屋⑤，中有二人對坐圍棊，局下有一杯白飲。墜者告以飢渴，棊者曰：「可飲此。」（墜者）⑥飲之，氣力十倍。棊者曰：「汝欲停此否？」墜者（曰）⑦：「不願停。」棊者曰：「從此西行，有天井⑧，其中多蛟龍，但投身入井，自當出；若餓，取井中物食。」⑨墜者如言，（投井中，多蛟龍，然見墜者輒避路。墜者隨井而行；井中物如青泥而香美，食之，了不復飢）⑩。半年許，乃出蜀中。歸洛下，問張華，華曰：「此仙館。大夫所飲者，玉漿也；所食者，龍穴石髓也。」

(1)嵩高山，即嵩山。在今河南省登封縣北，爲五嶽之中嶽。北堂書鈔一五八、白氏六帖事類集二、太平御覽八六一、太平廣記十四並作「嵩山」。（以下簡稱「書鈔」、「六帖」、「御覽」、「廣記」）

(2)「深」，書鈔、廣記並作「深淺」。

(3)「歲時遊觀」，書鈔作「歲時每遊觀至其上」，廣記作「每歲遊觀其上」。

(4)「忽然」，書鈔、廣記並作「忽曠然」。

(5)「草屋」下，書鈔、廣記有「一區」二字，御覽八六一僅存「區」字。

(6)「墜者」，原作「遂」，據初學記五、六帖二、御覽三九、八六一校改。

(7)「日」字，據初學記五、御覽三九補。

(8)「天井」，書鈔一五八、御覽三九、廣記十四並作「大井」。

(9)「食」，書鈔、初學記、六帖、御覽、廣記並作「食之」。

(10)「投井中」句，據書鈔、廣記增補。

3. 會稽剡縣民袁相①、根碩二人，獵經深山，重嶺甚多。見一群山羊六七頭，逐之②。經一石橋③，甚狹而峻。羊去，根等亦隨，渡向絕崖;崖正赤壁立，名曰赤城。上有水流下，廣狹如匹布，剡人謂之瀑布。羊徑有山穴如門，豁然而過。既入內，甚平敞，草木皆香。有一小屋，二女子住其中，年皆十五六，容色甚美，著青衣。一名瑩珠，一名□□④。見二人至，忻然云：「早望汝來。」遂爲室家。忽二女出行，云：「復有得壻者，往慶之」。曳履⑤於絕巖上行，琅琅然。二人思歸，潛去。歸路，二女已知，追還⑥。乃謂曰：「自可去。」乃以一腕囊與根等，語曰：「愼勿開也。」於是乃⑦歸。後出行，家人開視其囊。囊如蓮花，一重去，復一重⑧，至五，盡⑨；中有小青鳥，飛去。根還，知此，悵然而已。後根於田中耕，家依常餉之，見在田中不動；就視，但有殼⑩如蟬蛻也。

(1)「相」，御覽四一作「栢」。

(2)「逐之」，御覽作「遂」。

(3)御覽引，重「橋」字。

(4)御覽但作「一名瑩珠」，疑當作「一名瑩、一名珠」。

(5)「履」，御覽作「屐」。

(6)「已知追還」，原作「追還已知」，據御覽乙改。

(7)「乃」，御覽作「得」。

(8)「復一重」，原作「一重復」，據御覽乙改。

(9)「盡」，原作「蓋」，據御覽改正。

(10)「殼」，御覽作「皮殼」。

4. 滎①陽人，姓何，忘其名，有名聞士也。荆州辟爲別駕，不就，隱遁養志。常至田舍收穫②，在場上，忽有一人長丈餘，黃疎③單衣、角巾來詣之。翩翩舉其兩手，並舞而來，語何云：「君曾見韶舞不？此是韶舞。」且舞且去，何尋逐徑向一山，山有穴，纔容一人④。其人卽⑤入穴，何亦隨之入。初甚急，前，輒開曠⑥，便失人。見有良田數十頃，何遂墾作，以爲世業，子孫至今賴之。

(1)「滎」，原作「榮」，據御覽五七四改正。

(2)「收穫」上原有「人」字，據御覽五七四刪。

(3)「黃疏」，原作「蕭疏」，據御覽五七四、八二一改正。按釋名釋采帛：「紡粗絲織之曰疏」。此言黃色粗布也。

(4)御覽五七四、八二一並作「纔容人」。

(5)「卽」，原作「命」，據御覽五七四、八二一校改。

(6)「開曠」，御覽八二一作「開廣」，是。開廣，卽開曠也。

△5.晉太元中，武陵人，捕魚爲業，緣溪行，忘路遠近。忽逢桃花〔林〕①，夾岸數百步，中無雜樹，芳華②鮮美，落英繽紛；漁人甚異之。漁人姓黃名道眞②復前行，欲窮其林。林盡水源，便得一山。山有小口，彷彿若有光，便捨舟，從口入。初極狹，纔通人，復行數十步，豁然開朗。土地曠空④，屋舍儼然。有良田、美池、桑、竹之屬，阡陌交通，雞犬相聞。〔其中往來種作〕⑤，男女衣著，悉如外人；黃髮垂髫，並怡然自樂。見漁人，大驚；問所從來，具答之。便要還家

，爲設酒、殺雞、作食。村中人⑥聞有此人，咸來問訊。自云：「先世避秦難，率妻子邑人至此絕境，不復出焉；遂與外隔⑦。」問今是何世？乃不知有漢，無論魏、晉。此人一一具言⑧所聞，皆爲⑨歎惋。餘人各復延至其家，皆出酒食；停數日，辭去。此中人語云：「不足爲外人道也。」既出，得其船，便扶向路，處處誌之。及郡乃⑩詣太守，說如此。太守劉歆⑪卽遣人隨之往，尋向所誌，不復得焉。

(1)「林」，據李公煥箋注陶淵明集卷五補。

(2)「華」，陶集作「草」。

(3)御覽四九引黃閔武陵記云：「昔有臨沅黃道眞，在黃聞山側釣魚，因入桃花源。」漁人黃道眞之說蓋本此。

(4)「曠空」，陶集作「平曠」。

(5)「其中往來種作」句，據陶集增補。

(6)陶集無「人」字。

(7)「與外隔」，陶集作「與外人間隔」。

(8)「具言」，陶集作「爲具言」。

(9) 陶集無「爲」字。

(10)「乃」，陶集作「下」。

(11) 劉歆，未詳。見李氏箋注陶集。

按：此篇全本李公煥箋注陶淵明集卷五「桃花源記」。

△6. 南陽劉驎之，字子驥①，好遊山水。嘗採藥至衡山，深入忘反。見有一澗水，水南有二石囷②，一閉一開。水深廣不得渡。欲還，失道；遇伐弓人，問徑，僅得還家。或說囷中皆仙方、靈藥及諸雜物。驎之欲更尋索，不復知處矣。

(1) 御覽五〇四引晉中興書云：一字道民（世說任誕篇注作「遺民」）。

(2) 囷，圓形之藏米倉也。

按：此則，今載晉書九四劉驎之傳。

7. 長沙醴陵縣有小水（一處，名梅花泉）①。有二人乘船取樵，見岸②下土穴中水逐③流出，有新斫木片逐水流，上有深山④，有人跡，異之。乃相謂曰：「可試如⑤水中，看何由爾。」一人便以笠自障入穴，穴纔容人；行數十步，便開明朗然，不異世間。

(1)「一處，名梅花泉」六字，據書鈔一五八增補。

(2)「岸」，書鈔引作「崖」，是。

(3)書鈔一五八、御覽五四並無「逐」字，是。

(4)「逐水流，上有深山」，原作「逐流下，深山中」，據書鈔、御覽校改。

(5)「如」，書鈔、御覽並作「入」。

△8.平樂縣①有山臨水，巖間有兩目，如人眼，極大，瞳子白黑分明，名爲目巖。

(1)平樂縣，在廣西。隋書地理志：「始安郡、平樂、有目山」。元和郡縣圖志三七：「目巖山，在縣北三十八里」。

△9.始興①機山東有兩巖，相向如②鴟尾，石室數十所，經過皆聞有金石絲竹之響③。

(1)始興，三國吳置，在今廣東省南雄縣西南。

(2)「相向如」，類聚六，同，御覽五四引盛弘之荆州記作「迴向」。

(3)「響」，類聚、御覽並作「聲」。

△10.中宿縣①有貞女峽；峽西岸水際，有石，如人形②，狀似女子，是曰貞女。父老相傳，秦世有女數人，取螺于此，遇風雨晝昏，而一女化爲此石。

(1)「中宿縣」，類聚九七引王韶之始興記作「桂陽」，御覽五三引始興記作「宿縣」。按：宿縣，屬安徽省，非是。

(2)「如人形」下，類聚有「高七尺」三字，御覽作「高可七尺」。

△11.臨城縣①南四十里②有蓋山。〔登〕③百許步，有舒姑泉。昔有④舒女⑤，與父析薪於此泉，女因坐牽挽不動。父⑥還⑦告家，比還，唯見淸泉湛然。女母曰：「吾女好音樂」。乃作弦歌，泉涌洄流，有朱鯉一雙。今人作樂嬉戲，泉故涌出。

(1)臨城縣，三國吳置，在今安徽省青陽縣南。

(2)「四十里」，御覽五七二引紀義宣城記作「三十里」。

(3)「登」字，據御覽四六、七〇、五七二引宣城記補。

(4)「昔有」上，御覽四六、五七二有「俗傳云」三字，九三六則作「相傳云」。

(5)「舒女」，御覽引並作「舒氏女」。

(6)「父」，原作「乃」，據御覽四六、七〇引校改。

(7)「還」，御覽四六、五七二並作「遽」。

卷二

△1.吳舍人名猛①，字世雲，有道術。同縣鄒惠政迎猛，夜於家中庭燒香，忽有虎來抱政兒，超籬去。猛語云：「無所苦，須臾當還。」虎去數十步，忽然復送兒歸。政遂精進，乞爲好道士。猛性至孝，小兒時在父母傍臥，時夏日多蚊虫②，而終不搖扇。同宿人覺，問其故。答云：「懼蚊蝱去嚙我父母爾。」及父母終，行服墓次。蜀賊縱暴，焚燒邑屋，發掘墳壠，民人迸竄。猛在墓側，號慟不去，賊爲之感愴，遂不犯。

(1)晉書九五云：「猛，豫章人也」。宋施岑西山許眞君八十五化錄云：「猛，濮陽人，仕吳爲西安令，因家焉」。

(2)「虫」，類聚二〇、九七並作「蝱」。

2.謝允①從武當山還，在桓宣武座。有言及左元放爲曹公致鱸魚者，允便云：「此可得爾。」求大甕盛水，朱書符投水中。俄有一②鯉魚，鼓鬐水中。

(1)允，字道通，歷陽人。事蹟詳御覽四三、廣記四二六引甄異記，及陶弘景眞誥卷十四。

(2)「一」，御覽九三六引作「二」。

△3.錢塘杜子恭①，有秘術。嘗就人借瓜刀，其主求之。子恭曰：「當卽相還耳。」既而刀主行至嘉興，有魚躍入船中，破魚腹，得瓜刀。

(1)南史五七沈約傳：「錢唐人杜炅，字子恭，通靈有道術，東土豪家及都下貴望並事之爲弟子，執在三之敬。」

按：子恭還瓜刀事，載晉書一〇〇孫恩傳。

△4.太興中，衡陽區純①作鼠市。四方丈餘，開四門，門有一木人。縱四五鼠于中，欲出門，木人輒以手推之②。

(1)「區純」，類聚九五引晉陽秋，同；御覽九一一引晉陽秋作「歐純」，七五二引則作「區紙」。按：作「區純」，是。

(2)「以手推之」，類聚九五作「以推推之」，御覽九一一、廣記二二五並作「以椎椎之」，御覽七五二作「推木掩之，門門如此，鼠不得出」。

△5.晉大司馬桓溫，字元子。末年，忽有一比邱尼，失其名，來自遠方，投溫爲檀越尼。才行不恒①，溫甚敬待，居之門內。尼每浴，必至移時。溫疑而窺之。見尼裸身，揮刀，破腹出臟，斷截身首，支分臠切。溫怪駭而還。及至尼出浴室，身形如常，溫以實問。尼答曰：「若遂②凌君上，形③當如之④。」時溫方謀問鼎

，聞之悵然，故以戒懼，終守臣節。尼後辭去，不知所在。

(1)「不恒」，釋道宣三寶感通錄作「不群」。按：謂不平常也。

(2)「遂」，原作「逐」，據珠林四五引冥祥記改。

(3)「形」，珠林引作「刑」。

(4)「若遂凌君」句，御覽三九五引幽明錄作「公作天子，亦當如是」；晉書九八桓溫傳，同。

6.沛國有一士人，姓周，同生三子①，年將弱冠②，皆有聲無言。忽有一客從門過，因乞飲，聞其兒聲，問之曰：「此是何聲？」答曰：「是僕之子，皆不能言。」客曰：「君可還內省過，何以致此」？主人異其言，知非常人。良久出，云：「都不憶有罪過。」客曰：「試更思幼時事。」入內，食頃出，語客曰：「記小兒時，當牀上有燕巢，中有三子。其母從外得食哺三子，皆出口受之，積日如此。（時屋下攀得及巢）③，試以指內巢中燕雛，亦出口承受，因取三薔茨④，各與食之，既而皆死。母還不見子，（徘徊）悲鳴而去。昔有此事，今實悔之。」客聞言，遂變爲道人之容，曰：「君既自知悔罪，今除矣。」言訖，便聞其子言語周正，忽不見此道人。

(1)「一士人，姓周，同生三子」，廣記一三一作「一士人，同生三子」；御覽七四○、九九七並作「一上人，姓周，生三兒」。

(2)「年將弱冠」，御覽七四〇作「皆七、八歲」。

(3)「時屋下攀得及巢」七字，據御覽七四〇補。

(4)「薔茨」，六帖二九、御覽七四〇、九九七引並作「蒺藜」。

(5)「徘徊」二字，據御覽七四〇、九九七增。

△7.天竺人佛圖澄，永嘉四年來洛陽。善誦神咒，〔能〕①役使鬼神。腹旁有一孔，常以絮塞之。每夜讀書，則拔絮，孔中出光，照于一室。〔又嘗齋時〕②，平旦至流水側，從孔中引出五臟六腑，洗之，訖，還內腹中。

(1)「能」字，據晉書九五佛圖澄傳及高僧傳卷十增補。

(2)「又嘗齋時」，據御覽三七一引後趙錄，及晉書增補。

8.石虎鄴中①有一胡道人，知咒術。乘驢作估②客于外國。深山中行，下有絕澗，窈然無底。忽有惡鬼，偷牽此道人驢，下入絕澗。道人尋跡咒誓，呼諸鬼王；須臾，卽驢物如故③。

(1)「鄴中」，御覽九〇一引無「鄴」字，又七三六引靈鬼志作「時」。

(2)「估」，御覽九〇一引作「賈」。

(3)「驢物如故」，御覽七三六作「得其驢，載物如故」。

按：御覽七三六引靈鬼志，所記較詳，可參閱。

9.曇遊道人①，淸苦沙門也。剡縣有一家事蠱，人啖其食飮，無不吐血死。遊嘗詣之，主人下食，遊依常咒願②。一雙蜈蚣，長尺餘，便於盤中跳走。遊便飽食而歸，安然無他。

(1)釋曇游，住若耶懸溜山，蔬食誦經，苦節爲業。高僧傳卷十四，附見釋法慧傳。

(2)「依常咒願」，御覽七四二、廣記三五九引並作「便咒焉」。

△10.高悝①家有鬼怪，言語呵叱，投擲內外，不見人形。或器物自行，再三發火，巫祝厭劾而不能絕。適値幸靈②，乃要之。至門，見符索甚多，（謂悝曰：「當以正止邪，而以邪救邪，惡得已乎？」）③並取焚之，惟據軒小坐而去。其夕，鬼怪即絕。

(1)高悝，晉成帝咸和中，官丹楊尹。見法苑珠林廿一。

(2)幸靈，豫章建昌人。事蹟詳晉書九五藝術傳。

(3)「謂悝曰」一段，據晉書九五，及廣記八一引豫章記補。

△11.趙固常乘一匹赤馬以戰征，甚所愛重。常繫所住①齋前，忽腹脹，少時死。郭璞

從北過，因往詣之。門吏云：「將軍好馬，甚愛惜；今死，甚懊惋。」璞便語門吏云：「可入通道吾能活此馬，則必見我。」門吏聞之，驚喜，即啓固。固踊躍，令門吏走往迎之。始交寒溫，便問：「卿能活我馬乎？」璞曰：「我②可活爾。」固忻喜，即問：「須何方術？」璞云：「得卿同心健兒二三十人，皆令持竹竿；于此東行三十里，當有邱陵林樹，狀若社廟。有此者，便當以竹竿攪擾打拍之，當得一物，便急持歸；既得此物，馬便活矣。」於是③左右驍勇之士五十人，使去。果如璞言，得大叢林。有一物似猴而非，走出，人共逐得，便抱持歸④。此物遙見死馬，便跳梁欲往。璞令放之。此物便自走往馬頭間，噓吸其鼻。良久馬起，噴奮奔迅⑤，便不見此物。固厚貲給，璞得過江左。

(1)「常繫所住」，御覽八九七作「常所繫看」。

(2)「我」，御覽引作「馬」。

(3)「於是」下，御覽有「命」字，是。

(4)「持歸」下，御覽引有「入門」二字。

(5)「噴奮奔迅」，御覽作「噴鼻奮迅鳴喚」。

按：此事亦載晉書七十二郭璞傳，稍略。

△12.王文獻①曾令郭璞筮已一年吉凶。璞曰：「當有小不吉利。可取廣州二大罌，盛水置床張②二角，名曰鏡好③，以厭之。至某時撤罌去水，如此其災可消。」至日，忘之，尋失銅鏡，不知所在。後撤去水，乃見所失鏡在於罌中。罌口數寸，鏡大尺餘。王令復令璞筮鏡罌之意。璞云：「撤罌違期，故至此妖，邪魅所爲，無他故也。」使燒車轄而鏡④，立出。

(1)文獻，王導謚號。廣記三五九引搜神記作「王獻」，脫「文」字。

(2)「張」，御覽七一七引作「帳」，是。

(3)「好」，御覽引作「耗」。

(4)「而鏡」，御覽七一七、廣記三五九並作「以擬鏡」；書鈔一三六作「以懸擬鏡」。按：慧琳一切經音義十六引字書云：「擬，向也」。

△13.中興初，郭璞每自爲卦，知其凶終。嘗行經建康柵塘①，逢一趨步少年，甚寒；便牽住，脫絲布袍與之。其人辭不受。璞曰：「但取，後自當知③。」其人受而去。及當死，果此人行刑。旁人皆爲求屬③，璞曰：「我託之久矣。」此人爲之歔欷哽咽，行刑既畢，此人乃說。

(1)「建康柵塘」，晉書七二郭璞傳作「越城」。

(2)「其人辭不受」句，御覽六九三引搜神記作「此人不解其意。璞曰：『身命卒當在君手，故逆相屬耳。』」

(3)「求屬」，御覽六九三作「屬求利」。按：屬，囑託也。

14.高平郗超，字嘉賓①。年二十餘，得重病。廬江杜不愆，少就外祖郭璞學易卜，頗有經②驗。超令試占之。卦成，不愆曰：「案卦言之，卿所恙尋愈。然宜于東北三十里上官姓家，索其所養雄雉，籠而絆之，置東簷下。却後九日景午日午時③，必當有野雌雉飛來與交合；既畢，雙飛去。若如此，不出二十日病都除，又是休應，年將八十，位極人臣。若但雌逝雄留者，病一周④方差，年半八十，名位亦失。」超時正羸篤，慮命在旦夕，笑而答曰：「若保八十之半，便有餘矣；一周病差，何足爲淹？」然未之信。或勸依其言，索雉⑤果得。至景午日⑥，超臥南軒之下觀之。至日晏，果有雌雉飛入籠，與雄雉交而去。雄雉不動。超歎息曰：「管、郭⑦之奇，何以尚此？」超病逾年乃起，至四十⑧，卒於中書郎。

(1)超，字景興，一字嘉賓，郗愔子。晉書六七有傳。

(2)御覽七二八引，無「經」字。

(3)「景午日午時」，晉書九五杜不愆傳作「丙午日午時」。「景」，避唐高祖之父李昞諱名而改。御覽作「辰加午」。

(4)一周，謂一周年也。

(5)「雉」，原作「雄」，依晉書、御覽校改。

(6)「景午日」，晉書作「丙午日」，御覽作「期日」。

(7)管、郭，謂管輅、郭璞也。

(8)世說傷逝篇注引中興書、晉書六七郗超傳並云：「年四十二，卒。」

卷三

1.程咸①，字延休②。其母始懷咸，夢老公投③藥與之，（曰）④：「服此，當生貴子。」晉武帝時，歷位至侍中，有名于世。

(1)「程咸」，原注：「一作程武」。按：御覽三六一、九八四引王隱晉書，御覽二一九引續搜神記並作「程咸」。「武」，與「咸」形近而誤也。

(2)「延休」，原作「咸休」，據御覽二一九、三六一、九八四校改。書鈔五八引王隱晉書、臧榮緒晉書並作「延祚」。

(3)「投」，御覽引並作「授」。

(4)「曰」字，據御覽三六一、九八四增補。

2.袁眞①在豫州，遣女妓紀陵送阿薛、阿郭、阿馬三妓與桓宣武。既至經時，三人半夜共出庭前月下觀望。有銅甕水在其側。忽見一流星，夜從天直墮甕中。驚喜共視，忽如二寸火珠，沉於水底，炯然明淨。乃相謂曰：「此吉祥也，當誰應之？」於是薛、郭二人更以瓢杓接取，並不得；阿馬最後取，星正入瓢中，便飲之。既而，若有感焉；俄而懷桓玄②。玄雖篡位不終，而數年之中，榮貴極矣。

(1)晉書卷八哀帝紀：「隆和元年二月，以前鋒監軍、龍驤將軍袁眞爲西中郎將、監護豫司幷冀四州諸軍事、豫州刺史，鎭汝南。」又廢帝紀：「太和五年，袁眞死」。

(2)「玄」，原作「元」，避清聖祖諱也。御覽三六○引作「桓南郡」，玄襲爵南郡公，故以之爲稱。

按：此事晉書九九桓玄傳亦載，較略。御覽六四五引世說（佚文）：「桓宣武之誅袁眞也，未當其罪，世以爲寃焉。袁眞在壽春，嘗與宣武一妾，姙焉，生玄。及篡，亦覆桓族，識者以爲天理之所至。」

3.臨淮公荀序，字休玄①。母華夫人，憐愛過常。年十歲，從南臨歸，經青草湖。時正帆風駛②，序出塞郭，忽落水。比得下帆，已行數十里。洪波淼漫，母撫膺遠望。少頃，見一掘頭船③，漁父以楫棹④船如飛，載序還之，云：「送府君還。」荀後位至常伯、長沙相，故云府君也。

(1)序，埴子，爲顗後，封臨淮公。見晉書三九荀顗傳及汪藻世說新語人名譜。「玄」，原作「元」，今正。

(2)「駛」，御覽七六九作「駃」。按：駛，急疾也。駃，快也，與「快」通。

(3)掘頭船，謂舳部突起之船也。

(4)「棹」，御覽作「撥」。

4.廬陵巴邱人文晁①者，世以田作爲業。年常田數十頃，家漸富。晉太元初，秋收已過，刈穫都畢。明日至田，禾②悉復滿，湛然如初。卽便更穫，所獲盈倉，於此遂爲巨富。

(1)「文晁」，原注：「一作周晁」。按：御覽四七二作「夕晃」，八三九作「文晃」，類聚八五作「口晃」；當以「文晃」爲是。

(2)「禾」，原作「未」，據類聚、御覽校改。

5.上虞魏全①，家在縣北。忽有一人，著孝子服，皀笠，手巾掩口，來詣全家。語曰：「君②有錢一千萬，銅器亦如之；大柳樹，錢在其下，取錢當得爾。於君家③大不吉，僕尋爲君取此④，便去。」自爾出三十年，遂不復來。全家⑤亦不取錢。

(1)「全」，類聚八九作「金」。

(2)「君」，類聚引作「居」。

(3)「於君家」，類聚引作「書居」。

(4)「取此」，類聚作「作此」，御覽九五七作「取於此」。

(5)類聚、御覽引，並無「家」字。

△6.元嘉元年，建安郡山賊百餘人，破①郡治，抄掠百姓資產、子女；遂入佛圖，搜掠財寶。先是，諸供養具，別封置一室。賊破戶，忽有蜜蜂數萬頭，從衣簏出，同時噬螫群賊。身首腫痛，眼皆盲合。先諸所掠，皆棄而走②。

(1)「破」，事類賦三十、御覽九五〇並作「掩破」。

(2)「皆棄而走」下，御覽九五〇引宣驗記，有「蜂飛邀逐，噬擊彌路，賊遂惶懼，從便道而去。時是臘日，所縛子女，各還其家」一段。

△7.蔡裔①有勇氣，聲若雷震。嘗有二偷兒入室，裔拊牀一呼，二盜俱隕。

(1)蔡裔，字元子，官散騎常侍、兗州刺史、高陽鄉侯。殷浩北伐，使裔率衆出彭城，卒於軍。晉書八一附見蔡豹傳。

按：此則全本晉書七七殷浩傳。

8.昔有一人，與奴同時得腹瘕病①，治不能愈。奴既死，乃剖腹視之。得一白鼈，赤眼，甚鮮明。乃試以諸毒藥澆灌之，幷內藥於鼈口，悉無損動；乃係鼈於床脚。忽有一客來看之，乘一白馬。既而馬溺濺鼈，鼈乃惶駭，欲疾走避溺；因縶之不得去，乃縮藏頭頸足焉②。病者察之，謂其子曰：「吾病或可以救矣。」乃試取白馬溺以灌鼈上，須臾便消成數升水。病者乃頓服升餘白馬溺，病豁然愈。

(1)「腹瘕病」，御覽七四三作「心瘕病」；又類聚九三、御覽九三二引志怪並作「心腹病」。按：玉篇十一：「瘕，腹中病也。」御覽七四二引龍魚河圖云：「犬狗魚鳥不熟，食之，成瘕。」

(2)「縮藏頭頸足焉」，類聚九三引作「縮頭縮腳」，御覽七四三作「縮頸藏腳，不敢動」，御覽九三二作「縮頭藏腳」。

9.太尉郗鑒，字道徽，鎮丹徒。曾出獵，時二月中，蕨始生。有一甲士折食一莖，即覺心中淡淡①欲吐。因歸，乃成心腹疼痛②。經半年許，忽大吐；吐出一赤蛇，長尺餘，尙活動搖。乃掛著屋簷前，汁稍稍出，蛇漸焦小。經一宿，視之，乃是③一莖蕨，猶昔之所食，病遂除。

(1)「淡淡」，原注云：「或作潭潭」。按：淡淡，通「澹澹」，搖盪不定也。

(2)「心腹疼痛」，御覽七四三作「心腹疾」。

(3)「乃是」，御覽作「成」。

10.桓宣武時，有一督將，因時行病①後，虛熱，更能飮複茗。必一斛二斗乃飽，纔減升合，便以爲不足。非復一日，家貧。後有客造之，正遇其飮複茗，亦先聞世有此病，仍令更進五升。乃大吐，有一物出，如升大，有口，形質縮縐，狀如牛肚。客乃令置之於盆中，以一斛二斗複茗澆之，此物吸之都盡，而止覺小脹；又加五升，便悉混②然從口中涌出。既吐此物，其病遂差。或問之：「此何病？」答云：「此病名斛二瘕。」③

(1)時行病，即流行之病症也。
(2)混，通「渾」，水瀆涌聲。
(3)「斛二瘕」，原注：「二或作茗」。按：御覽八六七、事類賦十七並作「斛茗瘕」。

11.桓哲①，字明期。居豫章時，梅玄龍爲太守，先已病矣。哲往省之，語梅云：「吾昨夜忽夢見作卒，迎卿來作泰山府君。」梅聞之，愕然曰：「吾亦夢見卿爲卒，着喪衣來迎我。」經數日，復同夢如前，云：「二十八日當拜。」至二十七日晡時，桓忽中惡，腹滿②，就梅索麝香丸。梅聞，便令作凶具。二十七日，桓便亡，二十八日③而梅卒。

(1)「哲」，廣記二七六作「晢」。
(2)「腹滿」，御覽九八一作「腹脹滿」。
(3)「二十八日」，御覽作「八日」。

12.平原華歆，字子魚。爲諸生時，常宿人門外。主人婦夜產。有頃，兩吏來詣其門，便相向辟易欲退却，相謂曰：「公在此。」因踟躕良久。一吏曰：「籍當定，奈何得住？」乃前向子魚拜，相將入。出並行，共語曰：「當與幾歲？」一人云：「當與三歲。」天明，子魚去。後欲驗其事，至三歲，故往視兒消息，果三歲已死。乃自喜曰：「我固當公。」後，果爲太尉。

按：此則，三國志十三華歆傳注亦引，云出列異傳。裴氏云：「按晉陽秋說魏舒少時寄宿事，亦如之。以爲理無二人俱有此事，將由傳者不同。今寧信列異。」魏舒事，今見晉書四一舒本傳。又御覽三六一引搜神記，載陳蕃（仲舉）事，亦相似。

13.宋時有一人，忘其姓氏。與婦同寢。天曉，婦起出後，其夫尋亦出外。婦還，見其夫猶在被中眠。須臾，奴子自外來云：「郎求鏡。」婦以奴詐，乃指床上以示奴。奴云：「適從郎間①來。」於是白馳其夫。夫大愕，便入，與婦共視。被中人高枕安寢，正是其形，了無一異。慮是其神魂②，不敢驚動；乃共以手徐徐撫床，遂冉冉入席而滅。夫婦惋怖不已。少時，夫忽得疾，性理乖錯，終身不愈③。

(1)「間」，廣記三五八作「處」。

(2)「神魂」，珠林一一六、廣記三五八並作「魂神」。

(3)「終身不愈」，珠林作「於是終卒」。

14.董壽之①被誅，其家尚未知。妻②夜坐，忽見壽之居其側，歎息不已。妻問：「夜間何得而歸？」壽之都不應答。有頃，出門，繞雞籠而行，籠中雞驚叫。妻疑有異，持火出戶視之；見血數升，而壽之失所在，遂以告姑。因與大小號哭，知有變。及晨，果得凶問。

(1)廣記三二七作「北齊董壽之」，「北齊」二字乃廣記編者所加，疑誤。

(2)「妻」，廣記作「其妻」。

15.宋時，有諸生遠學。其父母燃火夜作，兒忽至前，歎息曰：「今我但魂①爾，非復生人。」父母問之，兒曰：「此月初病，以今日某時亡。今在瑯邪任子成家，明日當殮，來迎父母。」父母曰：「去此千里，雖復顛倒，那得及汝？」兒曰：「外有車乘，但乘之，自得至矣。」父母從之。上車，忽若睡；比雞鳴，已至所在②。視其駕乘，但魂車木馬。遂與主人相見，臨兒悲哀。問其疾消息，如言③。

(1)「魂」，珠林一一六、廣記三二二並作「魂魄」。

(2)「所在」，珠林作「其所」。

(3)「如言」，廣記作「如其言」。

卷四

1.晉時東平馮孝將爲廣州太守。兒名馬子，年二十餘，獨臥廐①中。夜夢見一女子，年十八九，言：「我是前太守北海徐玄方女，不幸蚤亡，亡來今已四年。爲鬼所枉殺，案生錄，當②八十餘。聽我更生，要當有依（憑）③，乃得生活，又應爲君妻。能從所委④，見救活不？」馬子答曰：「可爾。」乃與馬子剋期，當出。至期日，床前地頭髮⑤，正與地平，令人掃去，則愈分明。始悟是所夢見者，遂屏除左右，人便漸漸額出，次頭面出，又次肩項形體頓出⑥。馬子便令坐對楊上，陳說語言，奇妙非常，遂與馬子寢息。每誡云：「我尚虛，（君當自節）。⑦」問何時得出？答曰：「出，當得本命⑧生日，尚未至。」遂往廐中。言語聲音，人皆聞之。女計生日至，乃具敎馬子出己養之方法；語畢，辭去。馬子從其言，至日以丹雄雞一隻，黍飯一盤，清酒一升，醊其喪前。去廐十餘步，祭訖，掘棺出；開視，女身體貌⑨全如故。徐徐抱出，著氈帳中，唯心下微煖，口有氣息。令婢四人守養護之，常以青羊乳汁瀝其兩眼。漸漸能⑩開口，能咽粥；既而能語。二百日中，持杖起行。一期之後，顏色、肌膚、氣力，悉復如常，乃遣報徐氏。上下盡來，選吉日，下禮聘，爲夫婦。生二兒、一女。長男，字元慶⑪，永嘉初爲秘書郞中⑫。小男，字敬度，作太傅掾。女，適濟南劉子彥，徵士延世之孫云。

(1)「麃」，珠林九二、廣記三七五引，同；御覽八八七作「麕」。後文並然。
(2)「當」下，御覽、廣記並有「年」字。
(3)「憑」，原作「馬子」，今據御覽、廣記校改。
(4)「委」，御覽引作「陳」。
(5)「頭髮」，御覽作「彷彿如人」。
(6)「又次」句，御覽作「一炊頃，形體盡出」。
(7)「君當自節」，原作「爾卽」，據御覽校改。珠林作「自節」。
(8)「命」，珠林作「生」，御覽作「生日」。
(9)「貌」，御覽、廣記並作「完」，是。按：「貌」，本作「皃」，與「完」字形近而誤。
(10)「漸漸能」，珠林、廣記並作「始」。
(11)「元慶」，御覽引作「元度」。
(12)御覽、廣記並無「中」字。

2.干寶，字令升，其先新蔡人。父瑩①有嬖妾，母至妒，寶父葬時，因生推婢著藏中。寶兄弟年小，不之審也。經十年而母喪，開墓，見其妾伏棺上，衣服，如生。就視猶煖，漸漸有氣息，輿還家，終日而蘇。云：寶父常致飲食，與之寢接，恩情如生。家中吉凶，輒語之。校之悉驗。平復，數年後方卒②。寶兄③嘗病氣絕，積日不冷，後遂寤，云：「見天地間鬼神事，如夢覺，不自知死④。」

(1)晉書八二：「瑩，丹楊丞。」

(2)「平復，數年後方卒」。晉書八二干寶傳、廣記三七五引五行記，並云：「既而嫁之，生子」。二說未知孰是？

(3)寶兄，名慶，西安令。見仙鑑二七吳猛傳。

(4)御覽八八七、廣記三七八引幽明錄，及仙鑑二七，俱謂得術士吳猛之力而復活也。

3.晉太元中，北地人陳良，與沛國劉舒友善，又與同郡李焉共爲商賈。後大得利，焉殺良取物。死十許日，良忽蘇活得歸家。說死時見友人劉舒。舒久已亡，謂良曰：「去年春社日，祠祀，家中鬬爭，吾實忿之，作一兕於庭前。卿歸，豈能爲我說此耶？」良然之，故往報舒家，其怪亦絕。乃詣官，疏李焉而伏罪。

按：陳良復生之事，亦見廣記三七八引幽明錄；其說較詳，而與此小異。

4.襄陽李除，中時氣死①。其婦守尸，至於三更，崛然起坐，搏②婦臂上金釧，甚遽，婦因助脫。旣手執之，還死③。婦伺察之，至曉，心中更煖，漸漸得蘇。旣活，云：「爲吏將去，比伴甚多，見有行貨得免④者，乃許吏金釧。吏令還，故歸取以與吏；吏得釧，便放令還，見吏取釧去。」後數日，不知猶在婦衣內。婦不敢復著，依事咒埋。

(1)「中時氣死」，御覽八八七引作「病死中時」。按：時氣，謂流行之傳染病。中時，晝日、日中也。

(2)「搏」，御覽作「脫」。

(3)「死」，御覽作「臥」。

(4)「免」，御覽作「免歸」。

5.鄭茂病亡，殯殮訖，未得葬。忽然，婦及家人夢茂云：「巳未應死，偶悶絕爾。可開棺出我，燒車釭以熨頭頂①。」如言，乃活。

(1)「頭頂」，御覽七七六引作「頂頭」。

6.晉時，武都太守李仲文，在郡喪女，年十八；權假葬郡城北。有張世之代爲郡，世之男字子長，年二十，侍從在廨①中。夜夢一女，年可十七八，顏色不常。自言前府君女，不幸早亡，會今當更生，心相愛樂，故來相就。如此五六夕，忽然晝見。衣②服，薰香殊絕，遂爲夫妻；寢息，衣皆有污，如處女焉。後仲文③遣婢視女墓，因過世之婦相問④。入廨⑤中，見此女一隻履在子長牀下，取之啼泣，呼言發冢。持履歸，以示仲文。仲文驚愕，遣問世之：「君兒何由得亡女履耶？」世之呼問，兒具道本末，李張並謂可怪。發棺視之，女體已生肉，姿顏⑥如故，右脚有履，左脚無也。子長夢女曰：「我比得生。今爲所發，自爾之後，遂死，肉爛，不得生矣。萬恨之心，當復何言？」涕泣而別⑦。

(1)「廨」，珠林九二作「廐」，御覽八八七作「郡」。按：廨，官署也。

(2)「衣」，御覽引作「解衣」。

(3)御覽引，「仲文」下有「婦」字。

(4)「問」，珠林、御覽並作「聞」。

(5)「廨」，珠林作「廐」，御覽作「室」。

(6)「姿顏」，珠林、御覽並作「顏姿」。

(7)「子長夢女曰」一段，御覽引作：「自後遂死，肉爛，不得生。後夕，女來曰：『夫婦情至，謂偕老。而無狀忘履，以致覺露，不復得生。萬恨之心，當復何言？』泣涕而別。」

7. 魏時，潯陽①縣北山中蠻人有術，能使人化作虎，毛色爪牙，悉如眞虎②。鄉人③周眕④有一奴，使入山伐薪。奴有婦及妹，亦與俱行。既至山。奴語二人云：「汝且上高樹，視我所爲。」如其言。既而入草，須臾，見一大黃斑虎從草中出，奮迅吼喚，甚可畏怖，二人大駭。良久，還草中，少時復還爲人。語二人云：「歸家愼勿道。」後遂向等輩說之。周尋得知，乃以醇酒飲之，令熟醉。使人解其衣服及身體，事事詳悉，了無他異；唯於髻髮中得一紙，畫作大虎，虎邊有符。周密取錄之。奴既醒，喚問之。見事已露，遂具說本末。云：「先嘗于蠻中告糴，有蠻師云有此術，乃以三尺布，數升米糈⑤，一赤雄雞，一升酒，授得此法。」

(1)「潯陽」，珠林四三、御覽八八八、八九二並作「尋陽」。按：漢置尋陽縣，故城在今湖北省黃梅縣北，位大江之北。唐始置潯陽縣，即今江西省九江縣。作「尋陽」，是。

(2)「虎」，御覽八九二作「尒」。按：「尒」，即「爾」字。

(3)「鄉人」，原注：「鄉字上，一多餘字」。按：珠林引正作「餘鄉人」。御覽八九二作「尒」，屬上讀。疑「尒」、「余」形近而誤，後人又改「余」爲「餘」也。

(4)「周眕」，御覽八九二作「前將軍周眕」。

(5)「數升米糈」，珠林作「一升米精」。按：糈，精米，所以享神。「米糈」、「米精」，似宜作「糈米」、「精米」。

卷五

1.晉太康中①，謝家沙門竺曇邃，年二十餘，白皙端正，流俗②沙門。長③行經清溪廟前過，因入廟中看。暮歸，夢一婦人來，語云：「君當來作我廟中神，不復久。」曇邃夢問婦人是誰？婦人云：「我是淸溪廟中姑。」如此一月許，便病④。臨死，謂同學年少曰：「我無福，亦無大罪，死乃當作淸溪廟神，諸君行，便可過⑤看之。」既死後，諸年少道人詣其廟。既至，便靈語相勞問，聲音如昔時。臨去，云：「久不聞唄聲⑥，思一聞之。」其伴慧覯，便爲作唄。訖，其神猶唱讚，語云：「岐路之訣，尙有悽愴；況此之乖，形神分散；窈冥之歎，情何可言？」既而歔欷不自勝，諸道人等皆爲流涕。

(1)「太康」，珠林一〇八、廣記二九四、事物紀原七並作「太元」，當據改。
(2)「流俗」，廣記作「流落」。按：流俗，猶言世俗也。
(3)「長」，珠林、廣記並作「嘗」。
(4)「便病」，珠林、廣記並作「便卒」。
(5)「過」，珠林、廣記並作「見」。

(6)「唄聲」，珠林作「唄」。按：唄，梵音聲也。珠林四九：「西方之有唄，猶東國之有讚。讚者，從文以結章；唄者，短偈以流頌。比其事義，名異實同。」

△2.王導子悅①，爲中書郎。導夢人以百萬錢買悅，導潛爲祈禱者備矣。尋掘地，得錢百萬，意甚惡之，一一皆②藏閉。及悅疾篤，導憂念特至，積日不食。忽見一人，形狀甚偉，被甲持刀。問是何人？曰③：「僕，蔣侯也。公兒不佳，欲爲請命，故來爾。公勿復憂。」導因與之食，遂至數升。食畢，勃然④謂導曰：「中書命盡，非可救也。」言訖不見，悅亦殞絕。

(1)悅，字長悅，弱冠有高名，事親色養，導甚愛之。晉書六五附見王導傳。

(2)「一一皆」，御覽四〇〇引幽明錄、廣記一四一引世說、晉書六五，並不重「一」字。按：一皆，猶言一律、一切也。

(3)「曰」，珠林一一四引幽明錄作「答曰」。

(4)「勃然」，珠林作「慘然」。

3.漢，會稽鄮縣①東野，有一女子，姓吳，字望子。年十六，姿容可愛。其鄉里有鼓舞解事②者，要之，便往。緣塘行，半路，忽見一貴人，端正非常。人③乘船，手力十餘，皆整頓④。令人問望子，今欲何之？其⑤具以事對。貴人云：「我今正往彼，便可入船共去。」望子辭不敢。忽然不見。望子既到，跪拜神座，見兩⑥船中貴人，儼然端坐，卽蔣侯⑦像也。問望子來何遲？因擲兩橘與⑧。數數現形，遂降⑨情好。望子心有所欲，輒空中下之。曾思啖膾，一雙鮮鯉，應心而至。望子芳香，流聞數里，頗有神驗，一邑共奉事。經歷三年，望子忽生外意，便⑩絕往來。

(1)「郢縣」，書鈔一四五作「鄮縣」，御覽九三六、廣記二九三並作「鄮縣」。按：漢書地理志、後漢書郡國志，會稽郡，並有鄮縣；故城在今浙江省鄞縣東。郢縣，漢置，故城在湖北省江陵縣東。鄮縣，漢置，故城在今河南省臨漳縣西。「郢」、「鄮」，並不屬會稽，作「鄮縣」是。

(2)「解事」，廣記作「解神」，是。按：解神，猶言還願也。

(3)「人」，廣記作「貴人」。

(4)整頓，謂整飭儀容也。

(5)「其」，廣記引無之，疑因與下文「具」字形近而衍。

(6)「兩」，廣記作「向」，是。

(7)「蔣侯」，書鈔、御覽並作「蘇侯」，不確。按：蔣侯，蔣子文也。

(8)「與」，廣記作「與之」。

(9)「降」，初學記二八，同；廣記作「隆」。按：降，與「洪」通，大也。隆，亦大也。

(10)廣記，「便」上有「神」字。

按：津逮本甚簡略，今改從珠林七八引文，並校注如右。

△4.孫恩①作逆時，吳興分②亂。一男子忽急③，突入蔣侯廟。始入門，木像彎弓，射之，即卒。行人及守廟者，無不皆見。

(1)恩，字靈秀，琅琊人，世奉五斗米道。晉安帝隆安三年十一月陷會稽，至元興元年三月臨海太守辛景擊破之，赴海死。晉書一〇〇有傳。

(2)「分」，珠林十引幽冥錄作「紛」。

(3)「忽急」，廣記二九三作「匆急」，珠林十作「避急」。

5.晉太元中，樂安高衡①爲魏郡②太守，戍石頭。其孫雅之在廐中，云：「有神來降，自稱白頭公③，拄杖，光輝照屋④。與雅之輕舉宵行，暮至京口，〔晨已〕⑤來還。」後，雅之父子爲桓玄所殺。

(1)「高衡」，御覽八〇五作「高衛」。按：晉書七九謝玄傳：「玄率東莞太守高衡、後軍將軍何謙次於泗口。」晉書一一三苻堅傳：「晉將謝玄遣將軍何謙之、高衡率衆萬餘，聲趣留城。」作「高衡」，是也。

(2)魏郡，晉僑置，在今江蘇江寧縣界。

(3)「白頭公」，原注：「白頭公，白玉也」。

(4)「光輝照屋」，御覽作「光耀照人也」。

(5)「晨已」二字。據廣記二九四引幽明錄增補。

(6)「殺」，廣記作「滅」。按：晉書九九桓玄傳：「冀州刺史劉軌及寧朔將軍高雅之、劉牢之子敬宣，並奔慕容德。」又一二七慕容德傳：「桓玄將行篡逆，誅不附己者。冀州刺史劉軌、襄城太守司馬休之、征虜將軍劉敬宣、廣陵相高雅之、江都長張誕，並內不自安，皆奔於德。」據此，雅之乃奔亡，未為桓玄所殺。

6. 永和中，義興人，姓周，出都，乘馬從兩人行。未至村，日暮，道邊有一新草小屋①。一女子出門。年可十六七，姿容端正，衣服鮮潔。望見周過，謂曰：「日已向②暮，前村尚遠，臨賀詎得至？」周便求寄宿。此女為燃火作食，向一更中③，聞外有小兒喚阿香聲。女應④：「諾。」尋云：「官喚汝推雷車。」女乃辭行，云：「今有事，當去。」夜遂大雷雨。向曉，女還。周既上馬，看昨所宿處，止見一新塚，塚口有馬尿及餘草。周甚驚惋。後五年，果作臨賀太守。

(1)「新草小屋」，珠林五九、廣記三一九並作「新小草屋」。

(2)類聚二、珠林五九、廣記三一九並無「向」字。

(3)「向一更中」，珠林作「向至一更」，廣記作「向一更」。按：向，臨也，近也。

(4)「應」，珠林、廣記並作「應曰」。

7. 豫章人劉廣①，年少未婚。至田舍，見一女子云：「我是何參軍女，年十四而夭；爲西王母所養，使與下土人交。」廣與之纏綿。其日，於席下②得手巾裹雞舌香。其母取巾燒之，乃是火浣布。

(1)「劉廣」，原注：「劉，或作王」。按：御覽九八一引作「王廣」。

(2)「席下」，御覽作「席上」。

8. 桓大司馬從南州還，拜簡文皇帝陵。左右覺其有異。既登車，謂從者曰：「先帝向遂靈見。」既不述帝所言，故衆莫之知。但見將拜時，頻言：「臣不敢」而已。又問左右殷涓①形貌。有人答：「涓爲人肥短黑色，甚醜②。」桓云：「向亦見在帝側，形亦如此。」意惡之，遂遇疾，未幾而薨。

(1)「殷涓」，御覽三八二作「商涓」，避宋太祖之父趙弘殷諱名而改。按：涓，浩子，有美名。咸安初，桓溫廢太宰、武陵王晞，誣涓及庾倩與晞謀反，害之。晉書七七附見殷浩傳。

(2)「甚醜」，御覽作「形甚醜」。

按：簡文帝靈見及殷涓爲祟事，亦見晉書九八桓溫傳。又珠林八七引顏之推寃魂記，稍詳。

▲9.晉安①侯官人謝端，少喪父母，無有親屬，爲鄰人所養。至年十七八，恭謹自守，不履非法。始出居②，未有妻。鄰人共愍念之，規爲娶婦，未得。端夜臥早起，躬耕力作，不舍晝夜。後於邑下得一大螺，如三升壺，以爲異物，取以歸貯甕中。畜之十數日。端每早至野，還，見其戶中有飯飲湯火，如有人爲者，端謂鄰人爲之惠也。數日如此，便往謝鄰人。鄰人曰：「吾初不爲是，何見謝也？」端又以鄰人不喻其意，然數爾如此③，後更實問。鄰人笑曰：「卿已自取婦，密著室中炊爨，而言吾爲之炊耶？」端默然心疑，不知其故。後以雞鳴④出去，平早潛歸，於籬外竊窺其家中。見一少女從甕中出，至竈下燃火。端便入門，徑至甕所，視螺，但見女⑤。乃到竈下問之曰：「新婦從何所來，而相爲炊？」女大惶惑，欲還甕中，不能得去。答曰：「我天漢中白水素女也。天帝哀卿少孤，恭愼自守，故使我權爲⑥守舍炊烹。十年之中，使卿居富得婦，自當還去；而卿無故竊相窺掩。吾形已見，不宜復留，當相委去。雖然，爾後自當少差。勤於田作、漁採、治生，留此殼去，以貯米穀，常可不乏。」端請留，終不肯。時天忽風雨

，翕然而去。端爲立神座，時節祭祀。居常饒足，不致大富耳。於是鄉人以女妻之，後仕至令長云。今道中素女祠是也。

(1)「晉安」，原作「晉安帝時」，據類聚九七、廣記六二引搜神記校改。任昉（？）述異記卷上載謝端事，亦謂晉安郡書生也。

(2)「居」，廣記作「作居」。

(3)「如此」，廣記作「不止」。

(4)「鳴」，廣記作「初鳴」。

(5)「女」，明鈔本廣記作「殺」，是。

(6)「爲」，類聚、廣記並作「相爲」。

卷六

1.漢時，會稽句章人，至東野還。暮，不及至家。見路旁小屋燃火，因投宿。止有一少女，不欲與丈夫共宿，呼鄰人家女自伴；夜共彈箜篌。問其姓名，女不答，彈弦而歌曰：「連綿葛上藤，一綏①復一絚②；欲知我姓名，姓陳名阿登。」明，至東郭外，有賣食母在肆中。此人寄坐，因說昨所見。母聞阿登，驚曰：「此是我女，近亡葬於郭外。」

(1)「綏」，原注：「或作緩」。按：珠林五九、廣記三一六並作「緩」。「綏」、「緩」，疑皆「緌」之誤。說文解字繫傳通釋二五：「絚，緌也」。「一緌」，正與下文「一絚」對文。

(2)「絚」，御覽八八四作「組」。按：說文繫傳通釋二五：「組，緌屬」。「絚」、「組」形近，義亦相似，未知孰是？

2.漢時，諸暨縣吏吳詳者，憚役委頓，將投竄深山。行至一溪，日欲暮；見年少女子，采①衣，甚端正。女曰：「我一身獨居，又無鄰里②，唯有一孤嫗，相去十餘步爾。」詳聞甚悅，便卽隨去。行一里餘，卽至女家。家甚貧陋，爲詳設食。至一更竟，忽聞一嫗喚云：「張姑子。」女應曰：「諾。」詳問：「是誰？」答云：「向所道孤獨嫗也。」二人共寢息，至曉，雞鳴，詳去。二情相戀，女以紫手巾贈詳，詳以布手巾報之。行至昨所應③處，過溪。其夜大水④暴溢，深不可涉，乃迴向女家，都不見昨處，但有一塚爾。

(1)「采」，原作「來」，據珠林五九校改，廣記三一七引作「綵」。
(2)「隣里」，珠林、廣記並作「鄉里」。
(3)「應」，廣記作「過」。
(4)「大水」，珠林作「水大」，廣記無「大」字。

3. 廬江箏笛浦①，浦有大舶覆在水中，云是曹公舶船。嘗有漁人夜宿其旁，以船繫之。但聞箏笛絃節之聲，及香氣氤氳。漁人又夢人驅遣云：「勿近官船②。」此人驚覺，即移船去。相傳云：曹公載數妓，船覆於此。今猶存焉。

(1)「廬江箏笛浦」，類聚四四、珠林四九、御覽七六九並作「合肥口」。按：太平寰宇記一二六：「合肥縣，箏笛浦」。疑箏笛浦之名後起，即因此故事而得名也。
(2)「船」，類聚四四、御覽三九九、廣記三二一並作「妓」。

△4.〔漢〕①時有盧充，范陽人。家西三十里，有崔少府②墳。〔充〕③年二十時，先冬至一日，出宅西獵戲。見有一獐，便射之。射已，獐倒而復走起。充步步趁

之，不覺遠去。忽見道北一里門④，瓦屋四周，有如府舍，不復見獐。到門中，有一鈴下⑤唱：「客前。」復有一人，捉⑥一襆新衣，曰：「府君以此衣，將迎郎君。」充便取著以進見。少府語充曰：「尊府君不以僕門鄙陋，近得書，爲君索小女爲婚，故相迎耳。」便以書示充。充父亡時，充雖小，然已識父手跡。便卽歔欷，無復辭託。崔便勅內：「盧郎已來⑦，可使女郎莊嚴⑧，就東廊。」至黃昏，內白女郎嚴飾畢。崔語充：「君可至東廊。」既至廊，婦已下車，立席頭，卽共拜。時爲三日，供給飲食。三日畢，（崔）⑨謂充曰：「君可歸去。若女有相⑩，生男，當以相與；生女，當自留養。」勅外數車⑪送客。充便辭出。崔送至中門，執手涕零。出門，見一犢車⑫，駕青牛；又見本所著衣及弓箭，故在門外。尋遺傳教將一人捉襆衣與充，相問曰：「姻授⑬始爾，別甚悵恨。今致衣一襲，被褥自副。」充便上車去，馳如電逝，須臾至家。母問其故，充悉以狀對。別後四年，三月三日，充臨水戲。忽見傍水有獨車，乍沈乍浮。既而近岸，四坐皆見，而充往開其車後戶。見崔氏女與其三歲男兒共載。女抱兒以還充，又與金碗；別幷贈詩一首曰：「煌煌靈芝質，光麗何猗猗；華艷當時顯，嘉會表神奇。含英未及秀，中夏罹霜萎；榮耀長幽滅，世路永無施。不悟陰陽運，哲人忽來儀；今旹一別後，何得重會時⑭？充取兒、碗及詩畢，婦車忽然不見。充後乘車詣市 賣碗，冀有識者。有一婢識此碗，還白大家⑮曰：「市中見一人，乘車，賣崔女郎棺中金碗。」大家，卽是崔氏親姨母也。遣兒視之，果如婢言。乃上車敍其姓名，語充曰：「昔我姨姊，少府女，〔未〕⑯出而亡，家親痛之，贈一金碗，著棺中。可說得碗本末。」充以事對，兒⑰亦悲咽，便齎還白母。母卽令〔詣〕⑱充家，迎兒還。五親悉集。兒有崔氏之狀，又有⑲似充之貌。兒、碗俱驗。姨母曰：「此，我外甥也，卽字溫休。」溫休者，是幽婚也⑳。兒大，爲郡守；子孫冠蓋，相承至今。其後植，字子幹，有名天下。

(1)「漢」，原作「晉」，今正。按：世說方正篇注引孔氏志怪云：「（溫休）後生植，爲漢尚書；植子毓，爲魏司空。」是充爲後漢人，云晉者，誤也。

(2)少府，秦置，漢因之。爲九卿之一。掌山海地澤之稅，以奉養天子，爲天子之私府。東漢，掌宮中服御諸物，衣服、寶貨、珍膳之屬。

(3)「充」字，據御覽八八四、廣記三一六引搜神記增補。

(4)「一里門」，御覽、廣記並作「一里許，高門。」

(5)鈴下，謂隨從護衛之卒也。

(6)「捉」，御覽、廣記並作「投」。

(7)「已來」，原作「已便」，據御覽、廣記校改。

(8)「莊嚴」，御覽同；廣記作「粧嚴」。按：莊、妝（俗作粧），同音通假。莊嚴，猶嚴妝，謂裝束整齊也。

(9)「崔」字，據御覽、廣記增。

(10)「若女有相」，世說方正篇注作「女有娠相。」

(11)「數車」，御覽、廣記、世說注並作「嚴車」，是。

(12)「獨車」，廣記作「犢車」，後文亦同。按：犢車，牛車也。下文謂「駕青牛」，則作「犢車」爲是。

(13)「授」，廣記同，今本搜神記十六作「緣」。

(14)「今時一別後，何得重會時」句，世說注作「會淺離別速，皆由靈與祇。何以贈余親？金碗可頤兒；愛恩從此別，斷絕傷肝脾」。

(15)大家，大姑也。

(16)「未」字，據御覽、廣記增；世說注作「未嫁」。

(17)「兒」，御覽、廣記並作「此兒」，謂大家兒也。

(18)「詣」字，據御覽、廣記及世說注增。

(19)「有」，御覽、廣記並作「復」。

(20)「姨母曰」句，世說注引孔氏志怪，敍述較詳。今具引如下：「姨曰：『我甥三月末間產，父曰春暖，溫也；願休強也，卽字溫休』。溫休，蓋幽婚也，其兆先彰矣」。楊勇校箋云：「溫休得『幽』，休溫得『婚』。因反切而得名也。」

按：此則，津逮本甚簡略，今改從珠林九二引文。

5.王伯陽，家在京口。宅東有大塚，相傳云是魯肅墓。伯陽婦，郗鑒兄女也，喪亡，王平其塚以葬。後數年，伯陽白日在廳事，忽見一貴人乘平肩輿，與侍從①數百，人馬皆浴鐵②，徑來坐，謂伯陽曰：「我③是魯子敬，安塚在此二百許年，君何故毀壞吾塚？」因顧左右：「何不舉手？」左右牽伯陽下床，乃以刀環擊④之數百而去。登時絕死，良久復蘇；被擊處皆發疽潰，尋便死。一說：王伯陽亡，其子營墓，得一⑤漆棺，移至⑥南岡。夜夢肅怒云：「當殺汝父。」尋復夢見伯陽云：「魯肅與吾爭墓，若不如，我不復得還⑦。」後於靈座⑧褥上見血數升，疑魯肅之⑨故也。墓今在長廣橋東一里。

(1)「與侍從」，御覽五五九、八八四並作「將從」，廣記三八九作「侍人」。

(2)「人馬皆浴鐵」，廣記作「人馬絡繹」。

(3)「我」，御覽八八四、廣記三八九並作「身」。按：爾雅釋詁：「身，我也。」

(4)「擊」，御覽五五九、八八四並作「築」。按：說文：「築，擣也」。

(5)「一」，御覽三七五作「三」，廣記三八九作「二」。

(6)「至」，御覽三七五、廣記三八九並作「置」。

(7)「若不如，我不復得還」，廣記校勘記作「吾日夜不得安」。

(8)「靈座」，御覽三七五作「坐」。

(9)「之」，御覽三七五作「殺之」。

6.承儉者，東莞人。病亡，葬本縣界。後十年，忽夜與其縣令夢云：「沒故民承儉人①，今見刼，明府急見救。」令便勑內外裝束，作百人仗，便令馳馬往塚上。日已向出，天忽大霧，對面不相見，但聞塚中哅哅破棺聲。有二人墳上望，霧暝②，不見人往。令既至，百人同聲大叫，收得塚中三人；墳上二人，遂得逃走。棺未壞，令卽使人修復之。其夜令又夢儉云：「二人雖得走，民悉誌之。一人，面上有青誌如藿葉；一人，斷③其前兩齒折。明府但案此尋覓，自得也。」令從其言追捕，並擒獲。

(1)御覽三九九、五五九並無「人」字，當删。

(2)「瞑」，御覽三九九、五五九並作「冥」。按：「冥」，或作「瞑」，幽暗也。「瞑」，通「眠」，合目也。此宜作「冥」或「瞑」。

(3)「斷」，御覽三九九作「椽」，五五九作「𣂪」。

7. 荆州刺史殷仲堪①，布衣時，在丹徒。忽夢見一人自說：「己是上虞人②，死亡浮喪，飄流江中，明日當至。君有濟物之仁，豈能見移，著高燥處，則恩及枯骨矣。」殷明日與諸人共江上看，果見一棺逐水流下，飄飄至殷坐處。令人牽取，題如所夢。卽移著岡上，酹以酒飯。是夕，又夢此人來謝恩。

(1)仲堪，陳郡人。能清言，善屬文。後爲桓玄所害。晉書八四有傳。

(2)御覽三九九引作「會稽上虞人」。

按：晉書殷仲堪傳及今本異苑卷七，亦載仲堪葬流棺事，內容小異。

8. 晉升平中，徐州刺史索遜，乘船往晉陵。會闇發，迴河行數里，有人求索寄載，云：「我家在韓塚，脚痛不能行，寄君船去。」四更守①至韓塚，此人便去。遜遣人牽船過一渡，施力殊不便，罵此人曰：「我數里載汝來，徑去，不與人牽船，欲與痛手。」此人便還，與牽，不覺用力而得渡。人便徑入諸塚間，遜疑非人，使竊尋看。此人經塚間，便不復見。須臾，復出，至一塚，呼曰：「載公。」有出應者。此人云：「我向載人船來，不與共牽，奴便欲打我；今當往報之，欲暫借甘羅②來。」載公曰：「壞我甘羅，不可得。」此人云：「無所苦，我試之耳。」遜聞此，卽還船。須臾，岸上有物來，赤如百斛篅③，長二丈許，徑來向船。遜便大呼：「奴載我船，不與我牽，不得痛手。方便④載公甘羅。今欲擊我，我今日卽打壞奴甘羅。」言訖，忽然便失，於是遂進。

(1)「守」，明鈔本廣記三二〇作「時」。

(2)「甘羅」，廣記同。按：下文云其物「赤如百斛篅」，疑當作「丹籮」。丹，赤色也。籮，底方上圓之筐也。「甘羅」與「丹籮」形近而誤。

(3)「篅」，原作「篇」，據廣記校改。按：篇，樂器也。篅，盛穀圓囷也。

(4)方便，猶言權宜、商量也。

9.晉元熙中，上黨馮述爲相府吏①將，假歸虎牢。忽逢四人，各持繩及杖，來赴述。述策馬避，馬不肯進。四人各捉馬一足，倏然便到河上。問述欲渡否？述曰：「水深不測，既無舟楫，如何得渡？君正欲見殺爾。」四人云：「不相殺，當持君赴官。」遂復捉馬脚，涉河而北。述但聞波浪聲，而不覺水。垂至岸，四人相謂曰：「此人不淨，那得將去？」時沭有弟喪服，深恐鬼離②之，便當溺水死，乃鞭馬作勢，徑得登岸。沭辭謝曰：「既蒙恩德，何敢復煩勞？」

(1)廣記三二〇引，無「吏」字。

(2)離，與「麗」通，附著也。

10.安豐侯王戎，字濬沖，瑯邪臨沂人也。嘗赴人家殯殮。主人治棺未竟，送者悉入廳事上。安豐在車中臥，忽見空中有一異物，如鳥，熟視轉大。漸近，見一乘赤馬車，一人在中，著幘赤衣，手持一斧。至地，下車，徑入王車中。迴几容之。謂王曰：「君神明清照，物無隱情，亦有事①，故來相從。然當爲②君一言，凡人家殯殮葬送，苟非至親，不可急往。良不獲已，可乘赤車③；令髯奴御之，及乘白馬，則可禳之。」因謂戎：「君當致位三公。」語良久，主人內棺當殯，衆客悉入，此鬼亦入。既入戶，鬼便持斧，行棺牆上。有一親趨棺，欲與亡人訣，鬼便以斧正打其額。即倒地，左右扶出。鬼於棺上視戎而笑，衆悉見，鬼持斧而出。

(1)「事」，廣記三一九作「身」。

(2)「爲」，廣記作「贈」。

(3)「赤車」，廣記作「青牛」。

11.李子豫少善醫方，當代稱其通靈。許永爲豫州刺史，鎭歷陽。其弟得病，心腹疼痛①，十餘年，殆死。忽一夜，聞屛風後有鬼謂腹中鬼曰：「何不速殺之？不然②，李子豫當從此過，以朱丸③打汝，汝其死矣！」腹中鬼對曰：「吾不畏之。」及旦，許永遂使人候子豫，果來。未入門，病者自聞中④有呻吟聲。及子豫入視，曰：「鬼病也。」遂於巾箱中出八毒赤丸子，與服之。須臾，腹中雷鳴鼓⑤轉，大利數行，遂差。今八毒丸方是也。

(1)「疼痛」，御覽七四一、廣記二一八作「堅痛」
(2)「不然」下，御覽、廣記並有「明日」二字。
(3)「朱丸」，御覽、廣記並作「赤丸」。
(4)「中」，御覽、廣記並作「腹中」。
(5)「鼓」，明鈔本廣記作「絞」。

12.宋元嘉十四年，廣陵盛道兒亡，託孤女於婦弟申翼之。服闋，翼之以其女嫁北鄉嚴齊息①，寒門也，豐其禮賂。始成婚②，道兒忽空③中怒曰：「吾喘唾之氣，舉門戶以相託，如何昧利忘義，結婚微族？」翼之乃大惶愧。

(1)息，兒子也。

(2)廣記三二五引，無「婚」字。

(3)「空」，廣記作「室」。

13.晉淮南胡茂回能見鬼，雖不喜見，而不可止。後行至揚州，還歷陽。城東有神祠，中①正值民將巫祝祀之。至須臾頃②，有群鬼相叱曰：「上官來！」各迸走出祠去。迴③顧見二沙門來，入祠中。諸鬼兩兩三三相抱持，在祠邊草中伺望，望見沙門，皆有怖懼。須臾，二④沙門去後，諸鬼皆還祠中。回於是信佛，遂精誠奉事。

(1)廣記三一九引珠林，無「中」字。

(2)「至須臾頃」，御覽八八四作「須臾」。

(3)「迴」，御覽作「回」，廣記作「茂迴」。

(4)御覽、廣記並無「二」字。

△14.有一傖①小兒，放牛野中，伴輩數人。見一鬼，依諸叢草間，處處設網，欲以捕人。設網後，未竟，傖小兒竊取前網，仍以罨捕②，即縛得鬼。

(1)傖，鄙賤也。

(2)「捕」，御覽八三二引幽明錄作「之」。

15.廬江杜謙爲諸曁令。縣西山下有一鬼，長三丈，著赭衣①袴布②褶，在草中拍張③。又脫褶，擲草上，作懊惱歌，百姓皆看之。

(1)「衣」，御覽五七三作「布」。

(2)「布」，原作「在」，據御覽校改。

(3)「拍」，御覽作「相」。按：拍張，奮臂附髀爲戲也。作「拍」是。

16.會稽朱弼爲國郎中令①。營立第舍，未成而卒。同郡謝子木代其事。以弼死亡，乃②簿書，多張功費，長百餘萬；以其贓誣弼，而實自入。子木夜寢，忽聞有人道弼姓字者。俄頃而到子木堂前③，謂之曰：「卿以枯骨腐④，專可得誣。當以某日夜，更典對證⑤。」言終，忽然不見。

(1)「國郎中令」，御覽二四八作「王國郎中令」。按：後漢書百官志：「皇子封王，其郡爲國。置郎中令一人，千石，掌王大夫、郎中宿尉。」

(2)「乃」，御覽作「乃定」，當據補。

(3)「前」，御覽作「前立」。

(4)「腐」，御覽作「腐肉」。

(5)「更典對證」，御覽作「更相書」。

17.夏侯綜為安西①參軍，常見鬼，騎馬②滿道，與人無異。嘗與人載行，忽牽人語，指道上一小兒云：「此兒正須③大病。」須臾，此兒果病，殆死。其母聞之，詰綜。綜云：「無他。此④兒向於道中擲塗⑤，誤中一鬼脚，鬼怒，故病汝兒爾。得⑥以酒飯遺鬼，卽差。」母如言，而愈⑦。

(1)「安西」，御覽七五五作「庾安西」，蓋謂庾亮也。

(2)「騎馬」，御覽作「乘車騎馬」。

(3)「須」，御覽作「爾」。

(4)「此」，御覽作「汝」。

(5)「塗」，御覽原注：「塗，蓋磚也。」按：廣雅釋詁：「塗，泥也。」

(6)「得」，御覽作「但」。

(7)「而愈」，御覽作「兒卽愈」。

18.順陽范啓①，母喪當葬。前母墓在順陽，往視②之。旣至，而墳壠雜沓，難可識別，不知何許。袁彥仁③時為豫州，往看之，因云：「聞有一人見鬼。」范卽如言，令物色覓之。比至，云：「墓④中一人，衣服顏狀如此⑤。」卽開墓，棺物皆爛，塚中灰壤深尺餘，意甚疑之。試令人以足撥灰中土，冀得舊物，果得一磚，銘云：〔順陽〕⑥范堅之妻。然後信之。

(1)范啓，字榮期，以才義顯於當世。晉書七五附見范汪傳。

(2)「視之」，御覽七六七作「迎之」。

(3)「袁彥仁」，疑當作「袁彥伯」，即袁宏。按：晉書七五謂范啓與當時清談之士庾龢、韓伯、袁宏等，並相知友。穆帝永和中，謝尚爲安西將軍、豫州刺史，引袁宏參其軍事，故宏得以往看范啓迎葬也。

(4)「墓」，御覽作「此墓」。

(5)「如此」，御覽作「如之」。按：此謂衣服顏狀似范啓前母也。作「如之」，是。

(6)「順陽」二字，據御覽增補。

19. 沙門竺法師①，會稽人也③。與北中郎王坦之③，周旋甚厚。每共論死生罪福報應之事，茫昧難明④。因便共要，若有先死者，當相報語。後經年，王〔在都〕⑤，於廟中忽見法師來。〔王便驚云：「和尚何處來⑥？」答⑦〕曰：「貧道以某月日命故⑧。罪福皆不虛，應若影響。檀越惟當勤修道德，以升躋神明耳。先與君要，先死者相報，故來相語。」言訖，忽然不見。坦之尋亦卒。

(1)「竺法師」，珠林七六引高僧傳作「竺法印」，高僧傳卷四作「竺法仰」。

(2)「會稽人也」，珠林二九作「住會稽」。

(3)王坦之，字文度，太原晉陽人。晉孝武帝康寧二年，以丹楊尹爲北中郎將、徐兗二州刺史。晉書七五有傳。

(4)「茫昧難明」下，珠林二九、辯正論七並有「未審有無」四字。

(5)「在都」二字，據珠林二九補。

(6)「王便驚云：和尙何處來」句，據珠林二九增補。辯正論七，「和尙」作「上人」。

(7)「答」字，據珠林、辯正論補。

(8)「故」，珠林、辯正論並作「過」。

按：晉書王坦之傳，亦載此事，云坦之得年四十六。

20. 樂安劉池居①，家在夏口。忽有一鬼，來住劉家。初因闇，彷彿見形，如人，著白布袴。自爾後，數日一來，不復隱形，便不去。喜偷食，不以爲患，然且難之。初，不敢呵罵。吉翼子者，強梁不信鬼。至劉家，謂主人曰：「卿家鬼何在？喚來，今爲卿罵之。」卽聞屋梁作聲。時大有客，共仰視；便紛紜擲一物下，正著翼子面。視之，乃主人家婦女褻衣，惡猶著焉。衆共大笑爲樂，吉大慚，洗面而去。有人語劉，此鬼偸食乃食盡，必有形之物，可以毒藥中之。劉卽於他家煑野葛②，取二升汁，密齎還家。向夜，舉家作粥糜，食餘一甌，因瀉葛汁著中，置於几上，以盆覆之。人定後，聞鬼從外來，發盆啖糜。既訖③，便擲破甌，走④去。須臾間⑤在屋頭吐，嗔怒非常，便棒打窗戶。劉先已防備，與鬬，亦不敢入⑥。至四更中，然後遂絕⑦。

(1)「劉池居」，初學記二六作「劉池苟」，御覽八五九作「劉他苟」，廣記三一九作「劉他」。
(2)「野葛」，初學記、御覽、廣記並作「冶葛」。按：冶葛，卽野葛，一名鈎吻，有劇毒。
(3)「訖」，廣記作「吃」。
(4)「走」，廣記作「出」。
(5)「間」，廣記作「聞」。
(6)「入」，廣記作「入戶」。
(7)「然後遂絕」，御覽作「寂然，於此遂絕」。

卷七

△1.盧陵巴邱人陳濟者，作州吏，其婦秦獨在家①。常有一丈夫，〔長大〕②，儀容端正，著絳碧袍，采色炫耀，來從之。後常相期於一山澗，間③至於寢處，不覺有人道相感接④。如是數年⑤。比鄰人觀其所至，輒有虹見。秦至水側，丈夫以金瓶引水共飲，後遂有身；生兒⑥如人，多肉⑦。濟假還，秦懼見之，乃納兒著甕中。此⑧丈夫以金瓶與之，令覆兒⑨，云：「兒小，未可得將去；不須作衣，我自衣之。」即與⑩絳囊以⑪裹之，令可時出與乳。於時風雨暝晦，鄰人見虹下其庭。〔秦常能辦佳食，肴饌豐美，有異於常〕⑫。丈夫復少時將兒去，亦風雨暝晦，人見二虹出其家。數年而來省母。後秦適田，見二虹于澗，畏之。須臾，見丈夫云：「是我，無所畏也。」從此乃絕。

(1)「在家」下，御覽十四引有「忽疾病，恍惚發狂，後漸差」等字。

(2)「長大」，原作「長丈餘」，今據初學二、御覽十四、廣記三九六校改。

(3)御覽、廣記並無「間」字。

(4)「感接」下，御覽有「忽忽如眠耳」數字。

(5)「數年」，御覽、廣記作「積年」。又「積年」下，御覽有「春，每往期會，不復畏難」等字。

(6)「兒」，原作「而」，據御覽、明鈔本廣記校改。

(7)「多肉」下，御覽有「不覺有手足」五字。

(8)「此」，御覽作「因見此」。

(9)「覆兒」下，御覽有「濟時醉眠在牖下，聞人與秦語，語聲至愴，濟亦不疑也。又丈夫語秦」一段，當據補。

(10)「與」，御覽、廣記並作「以」。

(11)「以」，御覽作「與」。

(12)「秦常能辦佳食，肴饌豐美，有異於常」，原作「化爲」，今據御覽校改，而以「丈夫」屬下讀。

△2.宋元嘉初，富陽人姓王，於窮瀆中作蟹斷。旦往觀之，見一材，長二尺許，在斷中，而斷裂開，蟹出都盡；乃修治斷，出材岸上。明往視之，材復在斷中，斷敗如前。王又治斷出材。明晨視，所見如初。王疑此材妖異，乃取內蟹籠中，擊①頭擔歸，云至家當斧斫燃之。未至家二三里，聞籠中倅倅動②。轉頭顧視，見向

材頭變成一物，人面猴身，一手③一足，語王曰：「我性嗜蟹，比日實入水破君蟹斷，入斷食蟹，相負已爾。望君見恕，開籠出我，我是山神，當相佑助，幷令斷得大蟹。」王曰：「〔汝犯〕④暴人，前後非一，罪自應死。」此物種類⑤，專⑥請乞⑦放，王迴顧不應。物曰：「君何姓名？我欲知之。」頻問不已，王遂⑧不答。去家轉近，物曰：「既不放我，又不告我姓名，當復何計，但應就死耳。」王至家，熾火焚之，後寂然無復聲⑨。土俗謂之山𤢖⑩，云知人姓名，則能中傷人。所以勤勤問王，欲害人自免。

(1)「攣」，廣記三二三作「繫」，三六〇作「束」。按說文：「攣，係也」。「係」，俗通作「繫」。

(2)「倅倅動」，御覽九四二作「窣動聲」，廣記三六〇作「窣窣動」。按：窣窣，狀聲之詞；作「倅倅」者，假借也。

(3)「手」，原作「身」，據珠林四二、御覽九四二、廣記三二三、三六〇校改。

(4)「汝犯」，原作「如此」，據珠林、御覽、廣記校改。

(5)「種類」，廣記三二二作「轉頓」，明鈔本廣記三六〇作「懇告」。

(6)「專」，明鈔本廣記三六〇作「苦」。

(7)「乞」，原作「包」，據珠林、廣記校改。

(8)「逡」，御覽作「終」。按：逡，終竟也。

(9)「聲」，珠林、廣記並作「異」。

(10)「山獔」，廣記三二三作「山魈」。按：獔、魈同。御覽八八三引神異經云：「西方深山有人焉，長尺餘，袒身，捕蝦蟹，性不畏人。止宿喜依其火以炙蝦蟹，伺人不在而盜人鹽以食蟹，名曰山獔，其音自叫」。

△3.劉聰僞建元元年正月，平陽地震。其崇明觀陷爲池，水赤如血，赤氣至天，有赤龍奮迅而去。流星起於牽牛，入紫微①，龍形委蛇，其光照地，落於平陽北十里。視之則肉，臭聞于平陽，長三十步，廣二十七步。肉旁嘗②有哭聲，晝夜不止。數日，聰后劉氏產一蛇一獸，各害人而走。尋之不得。頃之，見於隕肉之旁。俄而劉氏死，哭聲自絕。

(1)「紫微」，御覽八七七引崔鴻十六國春秋作「紫宮」。按：紫宮，紫宮垣也，亦稱紫微宮、紫微垣。晉書天文志：「紫宮垣十五星，其西蕃七，東蕃八，在北斗北。一曰紫微，大帝之坐也，天子之常居，主命主度也。」

(2)「嘗」，晉書五行志作「常」。

按：此則取材於晉書五行志（中）。

4.晉中興後，譙郡周子文，家在晉陵。少時，喜射獵。常入山①，忽山岫間有②一人，長五六丈，手捉弓箭，箭鏑頭廣二尺許，白如霜雪。忽出聲喚曰：「阿鼠③子文小字。」子文不覺應曰：「諾。」此人便牽弓滿鏑向子文，子文便失魂厭伏④。

(1)「山」下，珠林八〇有「獵」字。

(2)「有」，珠林八〇、御覽八三二並作「見」。

(3)御覽引，重「阿鼠」二字。

(4)厭伏，卽壓伏，鎭伏也。

5.晉孝武①世，宣城人秦精，常入武昌山中採茗。忽遇一人，身長丈餘，遍體皆毛，從山北來。精見之，大怖，自謂必死。毛人徑牽其臂，將至山曲，入大叢茗處。放之，便去。精因採茗。須臾，復來，乃探懷中二十枚橘與精，甘美異常。精甚怪②，負茗而歸。

(1)「孝武」，類聚八二、御覽八六七、九六六引並同。陸羽茶經作「武帝」，御覽四八則作「武」。按：武帝，司馬炎。孝武帝，司馬曜。一在西晉，一在東晉。

(2)「怪」，類聚八二、御覽八六七並作「怖」。

△6.會稽盛逸，常晨興，路未有行人。見門外①柳樹上有一人，長二尺，衣②朱衣，冠冕，俯以舌舐樹葉上露。良久，忽見逸，神意驚遽③，即隱不見。

(1)「外」，類聚八九、御覽九五七引孔氏志怪並作「內」。

(2)御覽引無「衣」字。

(3)「驚遽」，類聚作「如驚遽」，御覽作「如有驚遽」。

7.宋永初三年，謝南康①家婢行，逢一黑狗，語婢云：「汝看我背後②。」婢舉頭，見一人長三尺，有兩頭。婢驚怖返走，人狗亦隨婢後至家庭中，舉家避走。婢問狗：「汝來何爲？」狗云：「欲乞食爾！」於是婢爲設食。並食，食訖，兩頭人出，婢因謂狗曰：「人已去矣！」狗曰：「正已復來。」良久乃沒，不知所在。後，家人死喪殆盡③。

(1)晉書七九：「謝石封南康郡公。卒。子汪嗣，早卒。汪從兄冲以子明慧嗣，爲孫恩所害。明慧從兄喻復以子暠嗣。宋受禪，國除。」按：本則記宋初事，當指謝暠也。

(2)「背後」，廣記一四一作「背後人」。

(3)廣記無「殆盡」二字。

8.宋襄城李①頤，其父爲人不信妖邪。有一宅，由來凶不可居，居者輒死。父便買居之。多年安吉，子孫昌熾。爲二千石，當徙家之官。臨去，請會內外親戚。酒食既行，父乃言曰：「天下竟有吉凶否？此宅由②來言凶，自吾居之，多年安吉，乃③得遷官，鬼爲何在？自今已後，便爲吉宅。居者住止，心無所嫌也。」語訖，如厠。須臾，見壁中有一物，如卷席大，高五尺許，正白。便還取刀斫④之。中斷，化爲兩人；復橫斫之，又成四人。便奪取刀，反斫殺李，持⑤至坐上，斫殺其子弟。凡姓李者必死，惟異姓無他。頤尚幼在抱，家內知變，乳母抱出後門，藏他家，止其一身獲免。頤字景眞，位至湘東太守。

(1)「李」，廣記三二四作「索」，下文同。

(2)「由」，廣記作「向」。

(3)「乃」，廣記作「又」。

(4)「斫」，原作「中」，據珠林五九、廣記三二四校改。

(5)「持」，廣記作「持刀」。

9.宋王仲文爲河南郡主簿，居緱氏縣北。得休①，因晚行澤中，見車後有白狗，仲文甚愛之。欲取之，忽變形如人②，狀似方相③，目赤如火，磋牙吐舌，甚可憎惡④。仲文大怖，與奴共擊之，不勝而走。告家人⑤，合十餘人，持刀捉火，自來覘之，不知所在。月餘，仲文忽復見之，與奴並走，未到家⑥，伏地俱死。

(1)廣記三一九，「得休」下有「應歸」二字。
(2)「人」下，廣記一四一有「長五六尺」四字，又三一九作「長六尺」。
(3)方相，送葬所用之具，亦名防喪。
(4)「憎惡」下，廣記一四一有「或前或却，如欲上車」數字，又三一九則作「欲擊之，或却，或欲上車」。
(5)「家人」，廣記三一九作「人家」。
(6)「家」，廣記三一九作「人家」。

卷八

△1.王機①爲廣州刺史。入厠，忽見二人著烏衣，與機相捍。良久，擒之，得二物如烏鴨，以問鮑靚②。靚曰：「此物不祥。」機焚之，徑飛上天；尋誅死。

(1)晉書一〇〇王機傳：「機，字令明，長沙人。機與杜弘及溫邵、劉沈等並反。陶侃爲廣州先討溫邵、劉沈，皆殺之。遣都護許高討機，走之，病死于道。高掘其尸斬首，幷殺其二子。」

(2)晉書九五藝術傳：「靚，字太玄，東海人也。學兼內外，明天文河洛書，爲南海太守。靚嘗見仙人陰君，授道訣，百餘歲卒。」

按：此則取材於晉書九五鮑靚傳。

△2.晉義熙中，烏傷葛輝夫在婦家宿。三更後，有兩人把火至堦前。疑是凶人，往打之。欲下杖，悉變成蝴蝶，繽紛飛散。有〔一物〕①衝輝夫腋下，便倒地，少時死。

(1)「一物」二字，據御覽八八五引異苑、九四五引廣五行記增補。

△3.諸葛長民①富貴後，常一月中輒十數夜眠中驚起②，跳踉，如與人相打。毛修之

③嘗與同宿，見之驚愕，問其故。答曰：「正見一物，甚黑而有毛脚④，不分明，奇健，非我無以制之也」。後來轉數。屋中柱及椽桷間，悉見有蛇頭，令人以刃⑤懸斫，應刃隱藏，去輒復出。又擣衣杵相與語，如人聲，不可解。於壁見有巨手，長七八尺，臂大數圍，令斫之，忽然不見。未幾，伏誅⑥。

(1)長民，琅邪陽都人。有文武材幹，然不持行檢，無鄉曲之譽。義熙初，督青揚二州諸軍事、青州刺史。七年，盧循事平，轉督豫州揚州之六郡諸軍事、豫州刺史，領淮南太守。晉書八五有傳。

(2)「常一月」句，御覽八八五、廣記三六〇並作「一月，或數十日，輒於夜眠中驚起」。

(3)「毛修之」，廣記作「毛脩之」。脩之，毛瑾之子，毛寶曾孫。頻歷清顯，至右衞將軍，從劉裕平姚泓。後爲安西司馬，沒於魏。晉書八一附見毛寶傳；又宋書、魏書並有傳。

(4)「毛腳」，御覽作「手腳」，廣記作「手足」。

(5)「刄」，御覽、廣記並作「刀」。

(6)長民爲劉裕誅殺事，見晉書八五諸葛長民傳。

4.新野庾謹母病，兄弟三人悉在。白日侍疾，常燃火，忽見帳帶自卷自舒，如此數四。須臾，聞①床前狗鬥②，聲異常。舉家共視，了不見狗，見③一死人頭在地，頭猶有血，兩眼尚動，甚可憎惡。其家怖懼，乃④不持出門，卽於後園中瘞之。明日往視之⑤出土上，兩眼猶爾，卽又埋之。後日復出，乃以磚（著）⑥頭合埋之，遂不復出。他日，其母便亡。

(1)「聞」，原作「間」，據御覽八八五、廣記三六〇校改。

(2)「狗門」，原作「聞狗」，據御覽、廣記校改。

(3)「見」，御覽作「止見」，廣記作「只見」。

(4)「乃」，御覽、廣記並作「夜」。

(5)「之」，原作「乃」，據御覽、廣記校改。

(6)「著」字，據御覽、廣記增。

△5.王綏，字彥猷。其家夜中梁上無故有人頭墮于床，而流血滂沱。俄拜荆州刺史，坐父愉之謀①，與弟納並被誅。

(1)晉書七五：「愉，坦之子，字茂和。桓玄篡位，以爲尚書僕射。劉裕義旗建，加前將軍。愉旣桓氏婿，父子寵貴，又嘗輕侮劉裕，心不自安，潛結司州刺史溫詳，謀作亂，被誅，子孫十餘人皆伏法。」

按：此則取材於晉書七五王綏傳。

6.晉永嘉五年，張①榮爲高平②戍邏主。時曹嶷賊寇③離亂，人民皆塢壘自保固。見山中火起，飛埃絕焰十餘丈，樹顛火焱，響動山谷。又聞人馬鎧甲聲，謂嶷賊上，人皆惶恐，並戒④嚴出，將欲擊之。乃引騎到山下，無有人，但見碎火來曬⑤人，袍鎧、馬毛鬣皆燒，於是軍人走還。明日，往視山中，無燃火處，惟見髑髏百頭，布散在山中。

(1)「張」，原注：「一作高」。按：御覽三七四引作「高」。

(2)晉書地理志：「兗州高平國，故屬梁國，晉初分山陽置。」按：今山東鉅野縣南五十里有高平山。

(3)晉書五孝懷帝紀：「永嘉元年二月，東萊人王彌起兵反，寇青、徐二州。四年十二月，征東大將軍苟晞攻王彌別帥曹嶷，破之。五年春正月，晞爲曹嶷所破。」

(4)類聚十七、御覽三七四並無「戒」字。

(5)「曬」，御覽作「灑」。按：此處謂火花飛散，作「灑」是。

7.新野趙貞①，家園中種葱。未經抽拔，忽一日盡縮入地。後經歲餘，貞之兄弟，相次分散。

(1)貞，御覽九七七作「眞」。後文同。

△8.吳聶友字文悌，豫章新淦①人。少時貧賤，常好射獵。夜照見一白鹿，射中之。明，尋蹤，血旣盡，不知所在，且已飢困，便臥一梓樹下。仰見射②箭著樹枝上，視之，乃是昨所射箭，怪其如此。於是還家，賫糧，率子弟持斧以伐之。樹微有血，遂裁截爲板二枚，牽著陂塘中。板常沉沒，然時復浮出出，家輒有吉慶。每欲迎賓客，常乘此板；忽於中流欲沒，客大懼，友呵之，還復浮出。仕宦大如願，位至丹陽太守。在郡經年，板忽隨③至石頭。外司白云：「濤中板入石頭來。」友驚曰：「板來，必有意。」卽解職歸家。下船，便閉戶，二板挾兩邊，一日卽至豫章。爾後板出，便反爲凶禍，家大轗軻④。今新淦北二十里餘，曰封溪，有聶友截梓樹板濤牂柯⑤處。有梓樹⑥，今猶存，乃聶友向⑦日所裁⑧，枝葉皆向下生⑨。

(1)「淦」，原注：「古暗切」。

(2)御覽七六七無「射」字。

(3)「隨」，廣記校勘記（四一五）作「隨濤」，是。

(4)吳書十九：「丹陽太守聶友，素與恪善。……恪誅後，孫峻忌友，欲以爲鬱林太守，友發病憂死。」裴注引張勃吳錄云：「年五十三卒（按：原作「三十三」，據盧弼三國志集解校改）。」

(5)牂柯，擊船之木樁也。

(6)「有梓樹」，廣記四一五作「牂柯有樟樹」。

(7)「向日所栽」，廣記作「回日所栽」。

(8)御覽九五七引豫章記云：「封谿有聶友所用樟木牂柯者，遂生爲樹，今猶存。其木合抱。始倒植之，今枝條皆垂下。」

卷九

1.錢塘人姓杜，船行。時大雪，日暮，有女子素衣來岸上①。杜曰：「何不入船？」遂相調戲。杜闔船載之，後成白鷺飛去。杜惡之，便病死。

(1)廣記四六二引，無「岸上」二字。

2.丹陽人沈宗，在縣治下，以卜爲業。義熙中，左將軍檀侯①鎭姑孰，好獵，以格虎爲事。忽有一人，著皮袴，乘馬②，從③一人，亦著皮袴。以紙裹十餘錢，來詣宗卜，云：「西去覓食好？東去覓食好？」宗爲作卦。卦成，告④之：「東向吉，西向不利。」因就宗乞飲，內口著甌中，狀如牛飲。旣出，東行百餘步，從者及馬皆化爲虎。自此以後，虎暴⑤非常。

(1)檀侯，謂檀韶也。韶，字令孫，高平金鄉人，檀道濟之兄。宋書四五有傳。

(2)「馬」，御覽八九二作「烏馬」。

(3)「從」，御覽作「從者」。

(4)「告」，原作「占」，據御覽校改。

(5)「虎暴」，御覽作「暴虎」。

3.晉升平中，有人入山射鹿。忽墮一坎，窅然深絕，內有數頭熊子。須臾，有一大熊來①，瞪視此人；人謂必以害己。良久，出藏果②，分與諸子，末後作一分，置此人前。此人飢甚，於是冒死取啖之。旣而轉相狎習，熊母每旦出，覓食果還，輒分此人③，賴以延命。熊子後大，其母一一負之而出。子旣盡，人分死坎中，窮無出路。熊母尋復還入，坐人邊。人解其意，便抱熊足，於是躍出，竟得無他。

(1)「來」，類聚九五、御覽九〇八並作「來入」。

(2)「果」，類聚九五、廣記四四二並作「果栗」。

(3)類聚、廣記並重「此人」二字。

4.淮南陳①氏，於田中種豆②。忽見二女子，姿色甚美，著紫纈襦青裙，天雨而衣不濕。其壁先掛一銅鏡，鏡中見二鹿，遂以刀斫，獲之以為脯③。

(1)「陳」，初學記二九作「來」，白帖二九作「朱」，廣記四四三作「車」。

(2)「田中種豆」，御覽作「江西種豆」，廣記作「舍中獨坐」。自下文觀之，作「舍中獨坐」較佳。

(3)「獲之以為脯」，廣記作「而悉成鹿，一走去，獲一枚，以為脯食之」。

5.晉太元中，丁零①王翟昭②後宮養一獮猴，在妓女房前。前後妓女同時懷妊，各產子三頭，出便跳躍。昭方知是猴所爲，乃殺猴及子。妓女同時號哭，昭問之，云：「初見一年少，著黃練單衣，白紗帢，甚可愛，笑語如人。」

(1)丁零，一作丁令、釘靈，古之狄種，後屬於匈奴。

(2)晉孝武帝太元十三年，丁零翟遼據黎陽，自稱魏天王。十六年，遼卒，子釗代立。事詳資治通鑑卷一〇七。按：「釗」、「昭」通。丁靈王翟昭，當即翟釗。

6.會稽句章民張然，滯役在都，經年不得歸。家有少婦，無子，惟與一奴守舍，婦遂與奴私通。然在都，養一狗甚快，名曰烏龍，常以自隨。後假歸，婦與奴謀，欲得①殺然。然及婦作飯食，共坐下食。婦語然：「與君當大別離，君可強啖。」然未得啖，奴已張弓拔矢②當戶，須然食畢。然涕泣不食，乃以盤中肉及飯擲狗，祝曰：「養汝數年，吾當將死，汝能救我否？」狗得食不啖，惟注睛舐脣視奴，然亦覺之。奴催食轉急，然決計，拍膝③大呼曰：「烏龍，與手④。」狗應聲傷奴，奴失刀仗倒地，狗咋其陰。然因取刀殺奴，以婦付縣殺之。

(1)類聚九四、廣記四三七引，並無「得」字。

(2)「拔矢」，類聚九四作「括箭拔刀」，御覽五〇〇作「拔刀」。依下文，當有「拔刀」二字。

(3)「膝」，類聚作「髀」。

(4)與手，猶言動手也。通鑑一八五唐紀胡三省注云：「與手，魏、齊間人率有是言，言與之毒手而殺之也」。

7.晉太和中，廣陵人楊生，養一狗，甚愛憐之，行止與俱。後生飲酒醉，行大澤草中，眠不能動。時方冬月，燎原，風勢極盛，狗乃周章①號喚，生醉不覺。前有一坑水，狗便走往水中，還，以身灑生左右草上。如此數次，周旋跬步，草皆沾濕，火至免焚。生醒，方見之。爾後，生因暗行，墮于空井中，狗呻吟徹曉。有②人經過，怪此狗向井號，往視，見生。生曰：「君可出我，當有厚報。」人曰：「以此狗見與，便當相出。」生曰：「此狗曾活我③已死，不得相與，餘即無惜。」人曰：「若爾，便不相出。」狗因下頭目井，生知其意，乃語路人云：「以狗相與。」人即出之，繫之④而去。却後五日，狗夜走歸。

(1)「周章」，類聚九四、御覽九〇五引，並同；廣記四三七作「周匝」，惟校勘記仍作「周章」。按：周章，惶懼無定也。周匝，圍繞也。作「周章」較佳。

(2)「有」，類聚、御覽並作「須臾有」。

(3)「我」下，類聚、御覽、廣記並有「於」字。

(4)「之」，類聚、御覽並作「狗」。

8.晉穆哀之世，領軍司馬濟陽蔡詠家狗，夜輒群衆①相吠，往視便伏。後日，使人夜伺。有一狗，著黃衣、白帢，長五六尺，衆狗共吠之。尋迹，定②是詠家老黃狗，卽打殺之，吠乃止。

(1)御覽九〇五引無「衆」字。

(2)「定」，御覽作「乃」。

9.代郡張平①者，苻堅時爲賊帥，自號并州刺史。養一狗名曰飛燕，形若小驢。忽夜上廳事屋上行，行聲如平常②。未經年，果爲鮮卑所逐，敗走，降苻堅，未幾便死。

(1)張平事蹟，附見晉書一一三苻堅傳。

(2)「平常」，御覽八八五作「常平」。「常」屬上讀；「平」，謂張平也。

10.太叔①王氏，後娶庾氏女，年少色美。王年六十，常宿外，婦深無忻。後，忽一夕見王還，燕婉兼常。晝坐，因共食。奴從外來，見之大驚，以白王。王遽入，僞者亦出，二人交會中庭，俱著白帢，衣服形貌如一。眞者便先擧杖打僞者，僞者亦報打之。二人各勑子弟，令與手。王兒乃突前痛打，是一黃狗，遂打殺之。

王時為會稽府佐，門士云：「恒見一老黃狗，自東而來。」其婦大恥，病②死。

(1)太叔，未詳。按：會稽郡有太末縣（詳漢書、晉書地理志）。疑「尗」與「末」形近而訛，後人又改「尗」為「叔」也。

(2)「病」，廣記四三八作「發病」。

11.林慮山下有一亭，人每過此宿者，輒病死。云嘗①有十餘人，男女雜沓②，衣或白或黃，輒蒲博相戲③。時有郅伯夷④者，宿于此亭，明燭而坐⑤，誦經。至中夜，忽有十餘人來，與伯夷並坐，蒲博⑥。伯夷密以鏡照之，乃是群犬。因執燭起，陽誤以燭燒其衣，作燃毛氣。伯夷懷刀，捉一人刺之。初作人喚，遂死，成犬，餘悉走去。

(1)「云嘗」，類聚九四、御覽七一七、九〇五並作「常云」。

(2)「雜沓」，御覽七一七、九〇五並作「各雜」，與其下「衣」字相屬為讀。

(3)「輒蒲博相戲」，類聚、御覽並作「輒來為害」。

(4)「郅伯夷」，類聚九四、御覽七一七、抱朴子內篇十七並同；御覽九〇五則作「劉伯夷」。

按：風俗通義九怪神云：「（汝南）北部督郵西平郅（原作「到」，今正，下同）伯夷，大有才決，長沙太守郅君章孫也。舉孝廉、益陽長。」郅惲，字君章，汝南西平人，後漢書二九有傳。據此，則作「郅」是也。

(5)「明燭而坐」，御覽七一七作「獨坐」，抱朴子作「明燈燭而坐」。

(6)「蒲博」，御覽七一七作「因共蒲博」，抱朴子作「自共樗蒲博戲」。

12.顧霈者，吳之豪士也。曾送客於昇平亭，時有一沙門在座，是流俗道人。主人欲殺一羊，羊絕繩便走，來投入此道人膝中，穿頭向袈裟下。道人不能救，即將去殺之。既行炙，主人便先割以啖道人。道人食炙下喉，覺炙行走皮中，毒痛①不可忍。呼醫來針之，以數針貫其炙，炙猶動搖；乃破出視之②，故是一臠肉耳。道人於此得疾，遂作羊鳴，吐沫。還寺，少時卒。

(1)「毒痛」，類聚九四、御覽九〇二、廣記四三九並作「痛毒」。按：痛毒，猶言痛楚也。

(2)「破出視之」，類聚、御覽並作「破出之」。

13.吳郡顧旃，獵至一崗，忽聞人語聲，云：「咄咄，今年衰。」乃與衆尋覓。崗頂有一穽，是古時冢，見一老狐蹲冢中，前有一卷簿書。老狐對書屈指，有所計校；乃放犬咋殺之。取視①，簿書悉是姦②人女名。已經姦者，乃以朱鉤頭。所疏名有百數，旃女正在簿次。

(1)「取視」下，御覽九〇九有「口中無復齒，頭毛皆白」等字。

(2)「姦」，御覽作「姦愛」。

14. 襄陽習鑿齒，字彥威，爲荆州主簿，從桓宣武出獵。時大雪，於江陵城西見草上雪氣出，伺觀，見一黃物。射之，應箭死。往取，乃一老雄狐，脚上①帶絳綾香囊。

(1)「脚上」，御覽七○四引幽明錄作「臂」。

△15. 宋酒泉郡，每太守到官，無幾輒死。後有渤海陳斐，見授此郡，憂恐不樂，就卜者占其吉凶。卜者曰：「遠諸侯，放伯裘；能解此，則無憂。」斐不解此語。答①曰：「君去，自當解之」。斐既到官，侍醫有張侯、直醫有王侯，卒有史侯、董侯等。斐心悟曰：「此謂諸侯②。」乃遠之。卽臥思放伯裘之義，不知何謂。至夜半後，有物來斐被上。斐覺，以被冒取之，物遂跳踉，訇訇作聲。外人聞，持火入，欲殺之。魅乃言曰：「我實無惡意，但欲試府君耳。能一相赦，當深報君③恩。」斐曰：「汝爲何物，而忽干犯太守？」魅曰：「我本千歲④狐也，今變爲魅，垂化爲神，而正觸府君威怒，甚遭困厄。我字伯裘，若府君有急難，但呼我字，便當自解。」斐乃喜曰：「眞放伯裘之義也。」卽便放之。小開被，忽然有光赤如電，從戶出。明夜有敲門者，斐問：「是誰？」答曰：「伯裘。」問

：「來何爲？」答曰：「白事。」問曰：「何事？」答曰：「北界有賊，奴發⑤也。」裴按發，則驗。每事先以語裴，於是境界無毫髮之奸，而咸曰：「聖府君⑥。」後經月餘，主簿李音共裴侍婢私通。既而懼爲伯裘所白，遂與諸侯⑦謀殺裴。伺傍無人，便與諸侯持仗直入，欲格殺之。裴惶怖，卽呼：「伯裘來救我。」卽有物如曳一疋絳，砉然作聲，諸侯伏地失魂。乃以次縛取，考詢皆服。云：裴未到官，音已懼失權，與諸僕謀殺裴。會諸侯見斥，事不成。裴卽殺音等。伯裘乃謝裴曰：「未及白音姦情，乃爲府君所召，雖效微力，猶用慚惶。」後月餘，與裴辭曰：「今後⑧當上天去，不得復與府君相往來也。」遂去，不見。

(1)「答」，珠林六三、廣記四四七並作「卜者」。

(2)「此謂諸侯」，珠林作「此所謂諸侯矣」。

(3)「君」，珠林六三、御覽九〇九並作「府君」。

(4)「千歲」，珠林、御覽並作「百歲」。按：御覽九〇九引玄中記云：「五十歲之狐爲淫婦，百歲狐爲美女，又爲巫神。」作「百歲」，是。

(5)「奴發」，珠林作「發奴」。按：此謂有奴名發者，作「奴發」是。

(6)「聖府君」，珠林作「聖君出」，御覽作「聖君」。

(7)「侯」，原作「僕」，據珠林、廣記校改，下文並同。按：諸侯，謂張侯、王侯、史侯、董侯等人也。

(8)「後」，珠林作「得爲神矣」。

卷十

1.長沙有人，忘其姓名，家住江邊。有女子渚次澣衣，覺身中有異，後①不以為患，遂妊身。生三物，皆如鮧②魚。女以己所生，甚憐異之，乃著澡盤水中養之。經三月，此物遂大，乃是蛟子。各有字，大者為當洪，次者為破阻③，小者為撲岸④。天暴雨水，三蛟一時俱去⑤，遂失所在。後天欲雨，此物輒來。女亦知其當來，便出望之。蛟子亦舉頭望母，良久方去。經年後，女亡，三蛟子一時俱至墓所哭之，經日乃去。聞其哭聲，狀如狗嘷。

(1)「後」，御覽九三〇作「復」。

(2)「鮧」，原注：「音提」。御覽云：「夷、提二音」。

(3)「阻」，御覽作「祖」。

(4)「撲」，御覽作「揉」。

(5)「去」，御覽作「出」。

2.安城①平都縣尹氏，居在郡東十里，曰②黃村，尹佃舍在焉。元嘉二十三年六月中，尹兒年十三，守舍。見一人年可二十許，騎白馬，張繖，及從者四人衣並黃色，從東方而來。至門，呼尹兒來暫寄息，因入舍中庭下坐床，一人捉繖覆之。尹兒看其衣，悉無縫，馬五色斑，似鱗甲而無③毛。有頃，雨氣至，此人上馬去，迴顧尹兒曰：「明日當更來。」尹兒觀其去，西行，躡虛而漸升。須臾，雲氣四合，白晝為之晦暝。明日，大水暴出，山谷沸涌，邱壑淼漫，將淹尹舍。忽見大蛟長三丈餘，盤屈庇其舍焉。

(1)「安城」，當作「安成」。按：宋書州郡志：「安成郡，孫皓寶鼎二年，分豫章、廬陵、長沙立。領縣七：平都、新喻、……。」平都，在今江西省安福縣。

(2)「曰」，原作「日」，據御覽九三〇校改。

(3)御覽引，無「無」字。

3.武昌虬山①有龍穴，居人每見神虬飛翔出入。歲旱，禱之，即雨。後人築塘其下，曰虬塘。

(1)明一統志五九：「虬山，在武昌縣南一百五十里，山陰有龍穴。」

4.吳興人章苟①者，五月中於田中耕。以飯置菰裏，每晚取食，飯亦已盡，如此非一。後伺之，見一大蛇偷食，苟遂以鈠②斫之，蛇便走去。苟逐之③，至一坂，有穴，便入穴。但聞啼聲云：「斫傷我某甲④。」或言：「當何如？」或云：「

付雷公，令霹靂殺奴。」須臾，雲雨冥合，霹靂覆苟上⑤。苟乃跳梁，大罵曰：「天使⑥我貧窮，展力耕墾，蛇來偷食⑦，罪當在蛇，反更霹靂我耶，乃無知雷公也。雷公若來，吾當以鈠斫汝腹⑧。」須臾，雲雨漸散，轉霹靂向穴⑨，蛇⑩死者數十。

(1)「章苟」，唐開元占經一〇二作「章狗」，御覽十三作「章苟」，下文並同。

(2)「鈠」，占經作「鑊」，御覽作「鉟」，下文並同。按：鈠，小矛也。鉟，同「鈹」，鑱也，掘土器。鑊，釜屬。當以作「鉟」為是。

(3)「逐之」，占經、御覽並作「乘船逐之」。

(4)「斫傷我某甲」，占經作「斫某甲」，御覽作「人斫傷某甲」。按：既云「我」，則不宜復云「某甲」；反之，亦然。

(5)「霹靂覆苟上」，占經作「震電傷狗」，御覽作「震電傷苟」。

(6)「天使」，占經、御覽並作「天公」。

(7)「偷食」下，占經、御覽並有「我飯」二字。

(8)「腹」，占經、御覽並作「腹破」。

(9)「向穴」，原作「向蛇穴中」，據占經、御覽校改。

(10)「蛇」，占經、御覽並作「諸蛇」。

5.吳末，臨海人入山射獵，爲舍住。夜中，有一人長一丈，著黃衣白帶，徑來謂射人曰：「我有讐，剋明日當戰，君可見助，當厚相報。」射人曰：「自可助君耳，何用謝爲？」答曰：「明日食時，君可出溪邊。敵從北來，我南往應。白帶者我，黃帶者彼。」射人許之。明出，果聞岸北有聲，狀如風雨，草木四靡，視南亦爾。唯見二大蛇，長十餘丈，於溪中相遇，便相盤繞。白蛇勢弱，射人因引弩射之，黃蛇即死。日將暮，復見昨人來辭謝，云：「住此一年獵，明年以去，愼勿復來，來必爲禍。」射人曰：「善。」遂停一年，獵所獲甚多，家至巨富。數年後，忽憶先所獲多①，乃忘前言，復更往獵。見先白帶人告曰：「我語君勿復更來，不能②見用。讐子已大，今必報君，非我所知。」射人聞之，甚怖，便欲走。乃見三烏衣人，皆長八尺，俱張口向之，射人即死。

(1)「先所獲多」，珠林八〇、御覽八三二並作「先山多肉」。

(2)「不能」，珠林作「君不能」。

6.元嘉中，廣州有三人共入山中伐木。忽見石窠中有二①卵，大如升，取煑之。湯始熱，便聞林中如風雨聲。須臾，有一蛇，大十圍，長四五丈，徑來，於湯中銜卵去。三人無幾皆死。

(1)「二」，御覽八八五、九三四，廣記四五七並作「三」。

7.晉太元中，有士人嫁女於近村者。至時，夫家遣人來迎女家好遣發①，又令女乳母②送之。既至，重門累閣，擬於王侯。廊柱下有燈火，一婢子嚴粧直守，後房帷帳甚美。至夜，女抱乳母涕泣，而口不得言。乳母密于帳中以手潛摸之，得一蛇，如數圍柱，纏其女，從足至頭。乳母驚走出，外柱下守燈婢子，悉是小蛇，燈火乃是蛇眼。

(1)「遣發」，廣記四五六作「發遣」。

(2)「乳母」，廣記作「弟」。

△8.晉咸康中，豫州刺史毛寶①戍邾城。有一軍人，於武昌市見人賣一白龜子，長四五寸，潔白可愛。便買取持歸，著甕中養之。日②漸大，近欲尺許。其人憐之，持至江邊，放江水中，視其去。後邾城遭石季龍③攻陷，毛寶棄豫州，赴江者莫不沉溺。於時所養龜人被鎧持刀，亦同自投。既入水中，覺如墮一石上，水裁至腰。須臾，游出④，中流視之，乃是先所放白龜，甲六七尺。既抵東岸，出頭視此人，徐游而去，中江猶囘首視此人而沒。

(1)毛寶，字碩眞，滎陽陽武人，晉書八一有傳。

(2)「日」，原作「七日」，據御覽四七九、九三一刪改。

(3)「石季龍」，類聚九六、廣記一一八作「石氏」，御覽四七九作「石虎」，九三一作「石勒」。按：石勒卒於晉成帝咸和八年（西元三三三）七月，郗城陷事在成帝咸康五年（西元三三九）九月。作「石虎」、「石季龍」爲是。虎，字季龍，勒從弟也。

(4)「出」，御覽四七九、九三一並作「去」。

按：軍人放龜事，亦載晉書毛寶傳。白氏六帖二九引搜神記，直以爲寶事，其後記纂淵海、合璧事類等書，俱沿白氏之誤。晉書成帝紀、毛寶傳皆言此役毛寶死之也。

卷十一（補遺）

△1.魏時，有淸河宋士宗母，以黃初中夏天於浴室裏浴，遣家中子女盡出戶，獨在室中。良久，家人不解其意，於壁穿中窺，不見人，〔正見〕①木盆，水中有一大鼈。遂開戶，大小悉入，了不與人相承。嘗先著銀釵，猶在頭上。相與守之，啼泣，無可奈何。意欲求去，永不可留。視之積日，轉解②，自捉③出戶外。其去駛，逐之不及，遂便入水。復數日，忽還，巡行宅舍如平生，了無所言而去。時人謂士宗應行喪治服；士宗以母形雖變，而生理尙存，竟不治喪。與江夏黃母④相似。（珠林四十三）

(1)「正見」二字，據類聚九六、御覽八八八增補。

(2)解，御覽作「懈」。按：解、懈通，倦也。

(3)「捉」，御覽作「投」，是。

(4)江夏黃母事，見後漢書五行志及今本搜神記卷十四。略謂：靈帝時，江夏黃氏之母，浴而化爲黿，入于深淵。其後，時時出見。初簪一銀釵，及見，猶在其首云。

2.司徒蔡謨①親有王蒙者，單獨，常爲蔡公所收養。蒙長纔五尺②，似爲無骨，登

床輒令抱上。（御覽三七五）

(1)蔡謨，字道明，陳留考城人，晉書七七有傳。

(2)「五尺」，御覽三七八作「三尺」。

3.司徒蔡謨親友王蒙者，單獨，常爲蔡公所憐。公嘗令曰：「捕魚。」獲龜如車輪。公付廚，帳下①倒懸龜著屋。蒙其夕纔眠，已厭②。如此累夜。公聞而問蒙何故厭？答云：「眠，輒夢人倒懸矣。」公容慮向龜，乃令人視龜所在。果倒懸著屋。公嘆曰：「果如所度！」命下龜於地，於是蒙得安寢；龜乃去。（御覽九三一）

(1)帳下，謂幕中卒吏也。

(2)厭，惡夢也。

4.會稽謝奉①，與永嘉太守郭伯猷善。謝忽夢郭與人於浙江上爭樗蒲錢，爲水神所責，墮水死，己營理郭凶事。既覺，便往郭許共圍碁。良久，謝云：「卿知吾來意不？」因說所夢。郭聞之，悵然云：「信與人爭，如卿所夢，何期太的②也？」須臾，如廁。便倒，氣絕。謝斷理之，如所夢。（御覽四〇〇）

(1)謝奉，字弘道，會稽山陰人。歷安南將軍、廣州刺史、吏部尚書。詳世說雅量篇注。

5.宗淵，字叔林，南陽人。晉太元中，爲尋陽太守。有數十頭龜①，付廚，勑且且以二頭作臛。便著潘汁②甕中養之。其暮，夢有十丈夫，並著烏布袴褶，自反縛，向宗淵叩頭苦求哀。明日，厨人宰二龜；其暮，復夢八人，求哀如初。宗淵方悟，令勿殺。明夜，還夢見昨八人來，跪謝恩，於是驚覺。明朝，自入廬山放之，遂不復食龜。（御覽三九八）

(1)「有數十頭龜」，廣記二七六引搜神記作「得十頭鼈」。按：下文云「夢十丈夫」，則作「十頭」是也。

(2)潘汁，淅米汁也。

6.鉤鵅①鳴於譙王无忌②子婦屋上，謝充③作符懸其處。（玉燭寶典十）

(1)鉤鵅，玉燭寶典引犍爲舍人爾雅注云：「南陽謂鵂鶹爲鉤鵅。」按：卽貓頭鷹也。

(2)無忌，字公壽。晉書三七附譙剛王遜傳。

(3)「謝充」，當作「謝允」。允，字道通，已見卷二。

7.臨川東興，有人入山，得猿子，便將歸。猿母自後逐，至家①。此人縛猿子於庭中樹上，以示之。其母便搏頰向人，欲哀乞，直是口不能言耳。此人既不能放，

竟擊殺之。猿母悲喚，自擲而死。此人破腸視之，皆斷裂矣。未半年，其人家疫，一時死盡滅門。（廣記一三一）

(1)「至家」，分類補注李太白詩十一注作「至其家」。

8. 鄱陽縣民黃赭，入山採荆楊子，遂迷不知道。數日，飢餓。忽見一大龜，赭便咒曰：「汝是靈物。吾迷路不知道，今騎汝背，示吾路①。」龜卽回右膊②，赭卽從行，去十餘里，便至溪水。見賈客行船，赭卽往乞食，便語船人云：「我向者於溪邊見一龜，甚大，可共往取之。」言訖，面卽生瘡；既往，亦復不見龜。還家數日，病瘡而死。（御覽九三一）

(1)「示吾路」，初學記三〇作「頭向便是路」。

(2)「膊」，初學記作「轉」，是。

9. 滎陽高荀①年已五十，爲殺人被收，鎖項地牢，分意必死。同牢人云：「努力共誦觀世音。」荀曰：「我罪至重，甘心受死，何由可免？」同禁勸之，因始發心，誓當捨惡行善，專念觀音，不簡②造次；若得免脫，願起五層佛圖③，捨身作奴，供養衆僧。旬月④用心，鉗鎖自解。監司驚怪，語高荀云：「佛⑤神憐汝，斬應不死。」臨刑之日，舉刀未下，刀折刄斷；奏，得原免。（辯正論七）

(1)「苟」，廣記一一一引宣驗記作「荀」，下同。

(2)「簡」，廣記作「離」，廣記校勘記作「間」。

(3)「佛圖」，廣記作「浮圖」。按：此謂塔也。魏書釋老志：「凡宮塔制度，猶依天竺舊狀而重構之。從一級至三、五、七、九。世人相承謂之浮圖，或云佛圖。」

(4)「旬月」，廣記作「旬日」。

(5)廣記引，「佛」上有「若」字。

△10.吳興施續①爲吳尋陽督，能言論。有門生，亦有意理，常秉無鬼論。門生後渡江，忽有一單衣白帢客來，因共言語，遂及鬼神。客辭屈，乃語曰：「僕便是鬼，何以云無？受使來取君。②」門生請乞酸苦，鬼問：「有似君者不？」云：「施續下③都督，與僕相似。」鬼許之，便與俱歸。與都督對坐，鬼手中出一鐵鑿，可長尺餘，正自打之④。放鑿，便去，顧語門生愼勿道。俄而都督云頭痛，還所住，至食時便亡。（御覽三九六）

(1)「施續」，御覽八八六、廣記三二三引，並同。按：「續」當作「績」。績，字公緒，朱然子，本姓施氏。然卒，績襲業，拜平魏將軍、樂鄉督。太平二年，拜驃騎將軍。永安初，遷上大將軍，都護督。元興元年，就拜大司馬。建衡二年卒。吳書十一附見朱然傳。

(2)「僕便是鬼」句，廣記作「君辭巧，理不足。僕卽是鬼，何以云無？問鬼何以來？答曰：受使來取君，期盡明日食時」。

(3)「下」，廣記作「帳下」。

(4)「正自打之」，廣記作「安著都督頭，便擧椎打之」。

△11.吳猛，字世雲，有道術。狂風暴起，猛擲符上①，便有一飛鳥②接符去。須臾，風靜。人問之，答云：「南湖有遭此風者，兩舫人是道士，呼天求救，故符以③止風。」（御覽七三六）

(1)「狂風暴起」句，書鈔一〇三引搜神記作「嘗守潯陽參軍，周家有狂風暴起，猛卽書符擲著屋上」。

(2)「飛鳥」，仙鑑二七作「青鳥」。

(3)「符以」，書鈔作「以」，仙鑑作「以此」，疑當作「以符」。

△12.吳猛好道術。嘗渡江，以白羽扇畫水，橫流直過，不用舟楫。（御覽七〇二）

按：羽扇畫水事，白帖四云出搜神記，今亦載晉書九五吳猛傳。又猛神異事已見卷二。疑數則本爲同一篇，因後人割裂，遂分散各處，不相連屬也。

△13.嘉興徐泰①，幼喪父母，叔父隗養之，甚於所生。隗病，侍甚謹②。三更中，夢

二人乘舡，持箱上泰床頭，發箱出簿書，示曰：「汝叔應死。」泰卽於夢中下地叩頭，良久，曰：「汝縣有同姓名人不？」泰思得，語鬼云：「有張隗，不姓徐。」此人云：「亦可強逼。念汝能事叔父，當爲汝受之。」遂不復見。（御覽三九九）

(1)「徐泰」，廣記一六一、二七六引搜神記並作「徐祖」。

(2)「謹」，廣記並作「勤」。

△14.有一書生，居吳①，自稱胡博士，以經傳教授。假借諸書經傳，年載②，忽不復見。後（九月）③九日，人④相與登山遊觀，但聞講誦聲。尋覓⑤，有一空塚；入數步，群狸⑥羅坐。見人，迸走；唯有一狸獨不能去，是常假書者⑦。（御覽三十二）

(1)「吳」，御覽九〇九引搜神記作「吳中」，其下有「皓首」二字。

(2)「年載」，歲時廣記三六作「涉數載」。

(3)「九月」二字，據御覽九〇九、歲時廣記三六增補。

(4)「人」，御覽九〇九作「士人」。

(5)「尋覓」，御覽九〇九作「命僕尋之」。

(6)「狸」，御覽九〇九作「狐」，下同。按：自上文觀之，「胡」、「狐」同音，作「狐」較妥。

(7)「唯有」句，御覽九〇九作「老狐獨不去，是皓首書生」。

15. 宋有惡人朱恭，每以殺盜爲業。夜至蓮花寺殺尼盜物，一夜遶院而走，不知出處，遂墜露①厠而死，背猶負物。（辯正論七）②。

(1)方言三：露，敗也。

(2)注云：出搜神錄。

△**16.** 吳國富陽人馬勢婦，姓蔣。村人應病死者，蔣輒恍惚，熟眠經日。見人人①死，然後省②。覺則具說，家中不信之。語人云：「某中病，我欲殺之。怒強魂難殺，未即死。我入其家內，架上有白米飯，幾③種鮭。我暫過竈下戲，婢無故犯我，我打脊④甚，使婢當時悶絕，久之乃蘇。」其兄病，有烏衣人令⑤殺之，向其請乞，終不下手。醒語兄云：「當活」。（廣記三五八）

(1)「人人」，不妥，疑衍一「人」字。

(2)「省」，廣記校勘記作「醒」。

(3)「幾」，廣記校勘記作「某」。

(4)「脊」，廣記校勘記作「脊」。

(5)廣記校勘記，無「令」字。

按：此則廣記引，原出搜神記，亦見今本搜神記十五；唯廣記校勘記作出續搜神記，故據增入。

△17.餘姚虞定國，有好儀容。同縣蘇氏女，亦有美色。定國嘗見，悅之。後見定國來，主人留宿。中夜，告蘇公曰：「賢女令色，意甚欽之，此夕寧能暫出否？」主人以其鄉里貴人，便令女出從之①。往來漸數。語蘇公：「無以相報，若有官事，其爲君任之。」主人喜。自爾後有役召事，往造定國。定國大驚曰：「都未嘗面命②，何由便爾？此必有異。」具說之。定公③曰：「僕寧當請人之父而淫人之女？君復見來，便斫之。」後果得怪。（廣記三六〇）

(1)「從之」，廣記校勘記作「從此」，屬下讀。

(2)廣記校勘記無「命」字。

(3)「公」，廣記校勘記作「國」。

按：此則廣記引，原出搜神記，亦見今本搜神記十七；唯廣記校勘記云出續搜神記，故據增入。

△18.熊無穴，居大樹孔中。東土呼熊爲子路。以物擊樹云：「子路可起。」於是便下。不呼，則不動也。（御覽九〇八）

按：此則見今本異苑卷三。類聚九五、廣記四四二引，並云出異苑。疑御覽誤引。

引用參考書目

方言　揚雄撰　四部叢刊本
釋名　劉熙撰　仝右
說文解字繫傳通釋　徐鍇撰　仝右
大廣益會玉篇　顧野王撰、陳彭年等重修　仝右
漢書　班固撰　鼎文書局印行新校廿五史本
後漢書　范曄撰　仝右
三國志　陳壽撰　仝右
晉書　房玄齡等撰　仝右
宋書　沈約撰　仝右
魏書　魏收撰　仝右
隋書　魏徵等撰　仝右
資治通鑑　司馬光撰　明倫出版社印本

通志略　鄭樵撰　商務印書館影印本
隋書經籍志　長孫無忌等撰　世界書局印本（簡稱「隋志」）
隋書經籍志考證　姚振宗撰　開明書店二十五史補編本
日本國見在書目錄　藤原佐世撰　古逸叢書本
舊唐書經籍志　劉昫等撰　世界書局印本
新唐書藝文志　歐陽修撰　仝右
宋史藝文志　脫脫等撰　仝右
四庫全書總目　紀昀等撰　藝文印書館影印本
鄭堂讀書記　周中孚撰　商務印書館印本
太平寰宇記　樂史撰　文海出版社影印本（簡稱「寰宇記」）
大明一統志　李賢等撰　百成書店影印本
嘉慶重修大清一統志　清仁宗敕撰　四部叢刊續編本
玉燭寶典　杜臺卿撰　古逸叢書本
北堂書鈔　虞世南撰　宏業書局影印本（簡稱「書鈔」）
藝文類聚　歐陽詢等撰　文光出版社印本（簡稱「類聚」）

琱玉集　無名氏撰　古逸叢書本
初學記　徐堅等撰　鼎文書局印本
白氏六帖事類集　白居易撰　新興書局影印本（簡稱「六帖」）
蒙求集註　李瀚撰　徐子光集註　學津討源本
唐寫本類書　無名氏撰　鳴沙石室古籍叢殘本
事類賦　吳淑撰並注　新興書局影印本
太平御覽　李昉等撰　商務印書館影印本（簡稱「御覽」）
太平廣記　李昉等撰　明倫出版社影印本（簡稱「廣記」）
太平廣　校勘記　嚴一萍撰　藝文印書館印本
歲時廣記　陳元靚撰　十萬卷樓叢書本
事物紀原　高承撰　新興書局影印本
記纂淵海　潘自牧撰　仝右（簡稱「淵海」）
古今合璧事類備要　謝維新撰　仝右
群書通要　無名氏撰　選印宛委別藏本
搜神記　干寶撰　學津討源本

搜神記校注　許建新撰　作者自印本
異苑　劉敬叔撰　秘册彙函本
世說新語　劉義慶撰　劉孝標注　藝文印書館影印本
世說新語校箋　楊勇撰　明倫出版社印本
述異記　題任昉撰　漢魏叢書本
六朝志怪小說研究　周次吉撰　作者自印本
風俗通義　應劭撰　中華書局四部備要本
封氏聞見記　封演撰　世界書局印本
茶經　陸羽撰　百川學海本
說郛　陶宗儀輯　商務印書館印本
甲乙剩言　胡應麟撰　寶顏堂秘笈本
眞誥　陶弘景撰　藝文印書館影印正統道藏本
雲笈七籤　張君房撰　四部叢刊本（簡稱「七籤」）
歷世眞仙體道通鑑　趙道一撰　藝文印書館影印正統道藏本（簡稱「仙鑑」）
唐開元占經　瞿曇悉遠撰　商務印書館影印四庫全書本

高僧傳　釋慧皎撰　新文豐出版公司影印大正版大藏經本
破邪論　釋法琳撰　仝右
辯正論　釋法琳撰　仝右
集三寶感通錄　釋道宣撰　仝右
法苑珠林　釋道世撰　四部叢刋本（簡稱「珠林」）
漢魏兩晉南北朝佛教史　湯錫予撰　國史研究室印本
箋注陶淵明集　李公煥撰　四部叢刋本
分類補注李太白詩　楊齊賢撰、蕭士贇刪補　四部叢刋本
杜工部草堂詩箋　蔡夢弼會箋　古逸叢書本
陳寅恪先生論文集　陳寅恪撰　九思出版社印本

後記

這一本搜神後記研究，個人所用的是最笨拙，同時也是最根本的方法。首先，我把通行本搜神後記拿來，逐篇逐句做校勘與考釋的工夫。經過這一道核對的手續，才發現通行本的問題確實不少，前人的說法，有些也應予重新檢討。因此，本書撰寫的程序，是先完成「校釋」部份，然後再回頭寫「緒論」的。

近幾年來，個人不斷地在從事中國舊小說的探討，也一直抱持著通盤整理、徹底解決的信念。這本書算是一份小小的成果。假如有論點不夠周詳，考證不夠精確的地方，則是個人學識上的欠缺使然。只有懇請學術界的前輩，以及細心的讀者，惠予指正。

在撰寫本書的過程中，個人曾不時得到吳宏一先生的鼓勵。定稿後，承蒙文史哲出版社彭正雄先生慨然答應斥資印行。打字完成，則請何惠瑛、杜錦梅、蘇秀琴、譚亞雯四位學妹，幫忙做初校的工作。這些都值得感謝，謹此一併致意。